全民经典阅读

和谐社会——团结友爱的感人篇章

刘永庭——主　编
杨海滨——副主编

成都地图出版社
CHENGDU DITU CHUBANSHE

图书在版编目（CIP）数据

和谐社会 : 团结友爱的感人篇章 / 刘永庭主编 . --
成都 : 成都地图出版社有限公司 , 2024.8
ISBN 978-7-5557-2529-9

Ⅰ . ①和… Ⅱ . ①刘… Ⅲ . ①品德教育—中国—通俗
读物 Ⅳ . ① D648-49

中国国家版本馆 CIP 数据核字 (2024) 第 077740 号

和谐社会——团结友爱的感人篇章
HEXIE SHEHUI——TUANJIE YOU'AI DE GANREN PIANZHANG

主　　编： 刘永庭
副 主 编： 杨海滨
责任编辑： 赖红英
封面设计： 李　超

出版发行： 成都地图出版社有限公司
地　　址： 四川省成都市龙泉驿区建设路 2 号
邮政编码： 610100

印　　刷： 三河市人民印务有限公司
（如发现印装质量问题，影响阅读，请与印刷厂商联系调换）

开　　本： 710mm × 1000mm　1/16
印　　张： 10　　**字　　数：** 150 千字
版　　次： 2024 年 8 月第 1 版
印　　次： 2024 年 8 月第 1 次印刷
书　　号： ISBN 978-7-5557-2529-9

定　　价： 49.80 元

前　言

人类，从原始社会开始，就是依靠群体而生存的。在原始社会，由于生产力水平低下，人类若不聚群而居，根本无法战胜自然灾害和抵御野兽的侵袭。

随着社会的进步和生产力的提高，个人的生存能力虽然大大提高了，但随之而来的社会分工又把人类联系成一个整体。即使到了科学高度发展的今天，个人的能力获得了极大的提高，但生产和科学研究的社会性也随之加强，任何活动都不是单个人所能胜任的。因此人与人之间要团结友爱、共存共荣，大到一个国家，小到一个家庭。

团结表现在国君身上则是爱护百姓、施行仁政，表现在将军身上则是爱兵如子、体恤士卒，表现在地方官身上则是造福一方百姓。虽然他们这样做的目的不尽相同，或为自己的江山社稷，或为了边关的稳固，或为了地方的安定，但是他们最终目标是相同的，那就是社会稳定、人民安居乐业。

当团结表现在个人对个人的时候，便引申出了友爱这一主题。因为在人生的路上，我们会经历许多的事，遇见许多的人，其中有我们想要靠近的人和想要靠近我们的人。在交往的过程中也就产生了友爱。友爱，是人与人之间相互关心、相互尊重、相互帮助的情感和行为。

友爱在不同的情形下有着不同的表现形式。当友爱表现在上下级或长辈晚辈之间时便是关爱部属、爱护晚辈；当友爱表现在邻里

之间时便是互敬互爱、宽以待人；当友爱表现在朋友之间时便是重情重义、同舟共济……人与人之间的关系是多种多样的，因此人与人之间的情感也是丰富多彩的。但无论何时，友爱始终是我们这个社会的主流，是人与人和睦相处的基础。所以，友爱是任何时代和任何人都少不了和离不开的。我们常说的“远亲不如近邻”，就是友爱的表现。

以团结和友爱而著称于世的典型，如网开三面、文翁兴学、祖逖爱民、管鲍之交、廉蔺之谊、邓稼先与杨振宁挚诚相待等，无不散发出浓郁的芬芳，为后人称道。

从这些团结友爱的典型事例之中，我们可以清楚地看出：对一般人来说，团结友爱是协调人与人关系的润滑剂；对政治家来说，团结友爱是调动人积极性的重要手段；对文学家来说，团结友爱是孕育文学灵魂的催化剂；对诗人来说，团结友爱是提高精神境界的发动机。

在今天建设社会主义精神文明之际，我们又何尝不能从这些团结友爱的典型事例之中发掘出需要的东西呢？

本书收录了古今中国团结友爱的故事，共6章，希望读者通过此书可以懂得团结他人、顾全大局、慎择友、善待友的道理，懂得人与人之间要互相帮助、互相支持、同心同德、忠诚合作。

目 录

第一章　体恤爱民　仁心仁德

第二章　关爱部属　顾全大局

第三章　互敬互爱　宽以待人

第四章　重情重义　同心同德

第五章　爱护晚辈　同舟共济

第六章　关心亲朋　无微不至

第一章 体恤爱民 仁心仁德

商汤网开三面

道之以德，齐之以礼，有耻且格。

——孔子

夏朝末年的国君夏桀荒淫残暴，整日吃喝玩乐，恣意搜刮老百姓的钱财，又连年征战，并用残酷的刑法镇压人民的反抗，人民处于水深火热之中，都希望夏桀早一些死去。

谁能带领人民来推翻夏桀的统治呢？

商族是居住在我国北方的一支部族，商汤是商族始祖的第十四代孙。目睹夏桀日益失去民心，商族的势力又一天天地强大，商汤便决心推翻夏王朝，救人民于水火。

商汤是一位仁慈善良、爱惜百姓的首领。他深知，要推翻夏桀的政权，不能单靠武力，首先要争取民心，使天下的百姓都乐意归附于他，天下的有才能者都能辅佐他。

一天，商汤到郊外出游，看见一个人将四面架起网，然后便向天祷告说："愿来自天下四方的飞鸟，都落入我的网中！"

商汤看到这种情景，心里很有感触，便上前对捕鸟的人说："唉，你这样捕鸟，是会把天下的飞鸟都捕尽的。"商汤命令手下的人撤去三面网，只留下一面网，然后让张网的人向上天祷告说："想从左面飞走的鸟，就从左面飞走吧！想从右面飞走的鸟，就从右面飞走吧！那些乱飞的鸟，只好进入我的网中了。”

商汤“网开三面”的故事，很快便在夏桀统治下的各国传开了，人们都说：“商汤的德行很高尚，他对禽兽都有一副仁慈的心肠，更何况对于百姓！”从此，各诸侯国的人都来归附于他。

不久，商汤起兵征讨夏桀，锋芒直指葛国。葛国是商汤的邻国，葛国的国君很昏庸，甚至不祭祀祖先。商汤知道后派人责问葛国国君：“你为什么不祭祀祖先？”

葛国国君葛伯回答说：“没有祭祀用的牛羊啊。”

商汤便派人送去牛羊，可葛伯却把牛羊宰杀吃肉，还是不祭祀先祖。

商汤又派人问道：“你为什么还不祭祀祖先？”

葛伯说：“没有祭祀用的粟米。”

商汤又派民众前往葛国为葛伯种田，还向老人和小孩赠送食物。这时，葛伯率兵乘机抢夺酒食粟米，谁不给就把谁杀掉，有一个孩子不愿将得到的米肉给葛伯的人，也被杀死了。

商汤出兵讨伐葛伯，在当时影响很大。各诸侯国的人都说：“商汤讨伐葛伯，不是为了有一天能够拥有天下。而是为百姓报仇。”

商汤讨伐葛伯得到了各国人民的拥护，这为他推翻夏桀的正义战争开创了十分有利的形势。商汤从起兵伐葛到最终推翻夏桀王朝，先后共进行 11 次征战。

商汤的军队纪律严明，凡是商汤讨伐夏桀的军队所经过的地方，赶集的人照旧赶集，锄草的农夫依然在田间耕作，丝毫不受惊扰。商汤讨伐暴君，慰问百姓，犹如旱季降雨，天下百姓无比喜悦。

商汤“网开三面”的故事，体现出他对当时人民所遭受的苦难非常同情。他向葛国的老人和孩子赠送酒肉粟米，又因为无辜的孩

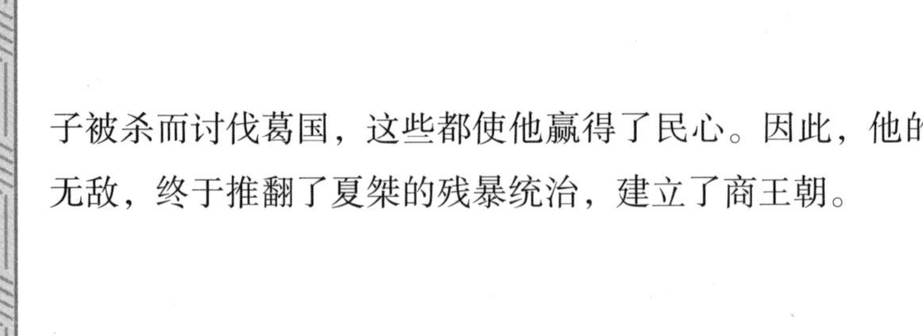

子被杀而讨伐葛国，这些都使他赢得了民心。因此，他的军队所向无敌，终于推翻了夏桀的残暴统治，建立了商王朝。

周武王团结民心兴周灭商

> 上下同欲者胜。
>
> ——孙武

周武王，名姬发，周文王次子。因为周文王的长子伯邑考被商纣王残杀，所以周文王病死后由姬发继位。

周武王继续任用姜子牙为国相，以周公旦、召公奭为助手，进一步整顿内政，团结各种势力，不断增强军力，为兴兵伐纣做好准备。

继位第二年，周武王在孟津（今河南孟津东）大会诸侯，检阅伐纣的军容和士气。到会的有 800 多个小国诸侯，军旗招展，战车成阵，威武雄壮。在周武王讨纣灭商的旗号下，各国诸侯军同仇敌忾、众志一心，进行了大规模的征战演习，增长了周武王出军获胜的信心。因为时机还未完全成熟，周武王下命班师回朝。

两年后的春天，周武王亲自率领战车 300 辆、虎贲（勇士）3000 人、甲士 45000 人，联合各小国的兵力，向东进军，出潼关、渡孟津，在黄河北岸驻扎，战旗蔽日，鼓角震天，声势浩大。

为了增强兵力，周武王还在孟津会合庸、蜀、羌、苗、微、卢、彭、濮 8 个西南部族，联军并阵，相互呼应，共同战斗。大军进至距商都朝歌 70 里的牧野（今河南淇县西南），又举行了威振四方的誓师大会。周武王登上誓坛，宣读誓词《泰誓》。他两眼炯炯，声如洪钟，对全军将士说："商纣王昏庸残暴，专横狠毒，全国上下离心离德，思想不统一，信念不一致，步调不协调；我有治国能臣 10 人，思想统一，信念一致，为伐纣灭商，千军万马英勇向前！"他望着如林如云的战车和士兵，又慷慨激昂地勉励将士："大家要团结一心，为同一目标战斗，一定会取得胜利，一定会建立功勋，并让天下永享太平！"士兵们听了激荡人心的誓词，倍受鼓舞，斗志大振。周军与商军大战于商都郊外，这就是历史上著名的"牧野之战"。

当时商军主力远在东南战场，一时征调不过来。商纣王便把大批奴隶和从东南夷捉来的俘虏武装起来，开往前线。在激烈的战斗中，商军奴隶兵都不愿为商纣王卖命，纷纷在阵前掉转矛头，配合周军攻入商都朝歌。商纣王见商军被杀得尸横遍野、血流成河，知大势已去，无可挽回，便绝望地登上鹿台，用大量玉璧围堆在身边，然后点火自焚。商朝灭亡了。

周武王灭商后，登上小山俯看商城朝歌，只见朝歌建筑雄伟，气势十分浩大。周武王两眼凝视远方，心中不禁想到：如此强盛的商朝，延续了数百年之久，只因为失去了民心，朝野离心离德，统治顷刻之间就灭亡了。所以，赢得民心太重要了。

为了巩固周朝统治，稳定局势，团结国内各种力量，周武王分封亲属和功臣。为了安抚商朝的残余势力，周武王又将纣王之子武庚封为殷侯，留在殷都。

殷商与民众离心离德，终于败亡；周武王与民众同心同德，取得胜利。两相对照，说明国家民族内部团结非常重要。

文翁兴学

不学礼，无以立。

——孔子

文翁兴学是发生在汉朝时期的故事。

这天，天刚刚亮，蜀郡（今四川地区）的人民便如潮水般涌到郡府门前的一座新房子前，来观看本郡的一大奇观。

不一会儿，蜀郡郡守文翁走了出来，人们蜂拥而上。郡守大声向人们宣布："这座新房子就是咱们蜀郡的第一所学校。"

什么叫学校啊？蜀郡的人第一次听说这个名字，以为是一个新的官府机构呢！

原来，蜀郡这个地方在汉朝时还比较野蛮落后，一直处于蒙昧状态，百姓生活十分艰难，他们根本不知道学校是什么，有什么用。

文翁刚任蜀郡郡守时，就意识到了这个问题的严重性。

有一次，两个人打架，打得头破血流，文翁处理这件事情时问他们："人和人之间要讲求仁义、互相谦让，你们为什么光打架呢？"

那两个人都不解地问："什么叫仁义？我们以前从来没有听说过！"

又有一次，父子俩吵架，一直闹到文翁那里。文翁训斥那位年轻人说："做儿子的要讲求孝悌，难道你不懂吗？"

"什么叫孝悌呀？"年轻人对此迷惑不解。

文翁通过这一系列事情觉得有必要教育开化这个地区的百姓。

于是，他召集随从商量这件事。他说："我看这里的人们还没有开化，我们应该教育他们。"

随从回答说："我们也知道这一问题，可是历任郡守都不管，我们何必操心呢？"

文翁叹息说："这是为官者的失误。如果一直不教育他们，他们什么时候才能开化呢？做为百姓的父母官，我有义务承担起教育他们的责任。"

"那么我们怎样才能开化这些人呢？"随从问道。

"我想在这儿开一所学校。"文翁说。

"可是到哪里找老师呢？"随从又问。

"我们先选一批聪明好学的人到长安学习，学成后回来就可以教育百姓了。"文翁回答说。

随从们听了文翁的主意，都非常赞成。于是，大家都遵照文翁的吩咐行动起来。

文翁首先挑选了一批聪明好学的年轻人到长安学习，学成后让他们成为学校的老师。接着，文翁又下令在郡守府旁建起一座高大的房子当作校舍。等到那些到长安学习的年轻人学成归来后，文翁召集全郡的百姓到郡守府门前，宣布学校成立。

文翁在全郡的青少年中选了一批人，成为学校的第一批学生，官府免除他们的徭役，供给他们吃住，让他们安心学习。这些人学成后，大多担任了蜀郡的官员，也有负责教育百姓的。

全郡的人终于明白了什么叫学校以及读书的众多好处，于是都争着上学，接受教育。其后，文翁又在全郡建了好多学校。

没过几年，蜀郡的社会风气大变，人们生活富裕，文明礼貌，相互谦让，孝敬父母。这使得蜀郡和当时文明教化较好的齐鲁等地一样出名。

文翁以仁为政，教化百姓收到了显著的效果，至今巴蜀地区的人们仍崇尚文明礼貌，社会风气良好，这离不开文翁的功劳。

文翁从改变百姓对事物的认识出发，提高了百姓的素质，从根本上改变了百姓的意识，这也是团结爱民的一种方式！

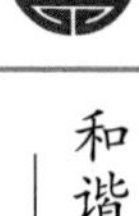

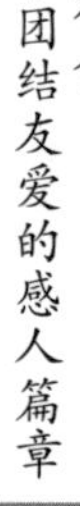

刘备撤军　扶老携幼

辅车相依，唇亡齿寒。

——《左传·僖公五年》

东汉末年，刘备在曹操大军的追击下，只好投奔荆州的刘表。刘表非常赏识刘备，用隆重的礼节迎接他，并让他带兵驻守在新野附近。

刘表病重时，特意把刘备召来，郑重地嘱托他：“我的儿子没什么才能，将领也不够精良，我死之后，你可以兼任荆州刺史。”

刘备连连摆手，安慰刘表说：“您的几位公子很有才华，您还是安心养病，我是不会忘记您对我的深厚恩情的！”

刘表感动得热泪盈眶。有人不理解这件事，劝刘备说：“我看您不如听从刘表的话，他可是一片真心啊！”

刘备仍然坚决地说：“你不了解我，刘表待我如此，如果我听从他的话，天下的百姓一定会认为我是一个不仁不义的人，我不想被天下人误解。”

208 年，曹操率领大军南征。这时，刘表已经病死了。刘表的儿子刘琮做了荆州牧。

刘琮是个贪生怕死的人，他不仅没带兵抵抗曹军，反而急忙向曹操请求投降。但他没敢把这件事告诉刘备。很快，曹军兵临城下，形势十分危急。刘备得知这一消息后，捶胸顿足，仰天长叹，非常生气地说：“刘琮啊刘琮，你怎么这样没有志气呢，你对不起你父亲对你的教诲啊！”

当刘备率领部下经过襄阳城时，部下都纷纷劝说刘备抓住这一有利时机去攻打刘琮，占领荆州这个战略要地。

刘备沉思了许久，坚定地说：“刘表病重时把他的儿子托付给我，我也答应要好好照顾他，而且我与刘琮同宗，又怎么忍心去攻打他！你们别再劝了！”

刘备只派人向城上大声呼喊：“请刘琮出来说话。”

刘琮吓得不敢出来。刘备无奈地叹了口气，随后来到刘表的墓前，跪倒在地，扶住冰冷的墓碑，伤心地哭了很久，四周的将领们也感动得眼眶湿润了。

刘琮的部下、荆州的军士和老百姓，被刘备对刘表的深厚情义所感动，他们都心甘情愿地跟随刘备。到达当阳城时，跟随刘备的士兵和百姓多达 10 万多人，运载粮草财物的车子也有几千辆。大家扶老携幼，走得很慢。有人焦急地劝刘备：“我们的目的是迅速赶往江陵，按现在的速度走，肯定会被曹军追上的。再说，这 10 万多人看似庞大，其实并没有多少士兵，多是一些老百姓，曹军来了我们又如何抵抗呢？”

刘备却说：“我们做大事的，应该懂得争取百姓的拥护。大家这么热情地跟随我，是对我的信任，我又怎么忍心丢下他们不

管呢?”

这支队伍仍缓慢地朝前行进着，老百姓的心里都充满了无限的希望。

这时，曹操率领5000名精兵追了过来，行动神速。形势实在太危急了。直到这时，刘备才在众人的再三劝说下，不得不与诸葛亮、张飞等几十名骑兵急忙先走一步。后来，刘备与孙权联合起来，共同对付曹操。刘备的力量壮大了起来。

刘备为人宽厚、讲求仁义，他敬重帮助过他的人，爱护拥护他的百姓，甚至在危难时也不忍心抛弃随行的百姓，被后世传为美谈。

祖逖爱民

一个篱笆三个桩，一个好汉三个帮。

——《古今贤文》

祖逖，字士稚，西晋范阳遒县（今河北涞水）人。他家世代做二千石俸禄的高官，父亲祖武，是晋王司马昭的属官。祖逖性格豁达、粗犷，不拘小节。他不看重钱财，好仗义行侠，慷慨有节操，每次到田庄，他都发放粮食、布匹赈济穷人，乡亲们和同族人都很看重他。

后来都城洛阳内乱，祖逖带领族人乡亲数百家到淮泗地区避难。途中，祖逖把自己乘坐的车马让给同行的老弱病者，自己步行，还把自己的药物、衣粮等拿出来与大家共用，遇到情况他又能随机应变。因此，同行的人都依附于他，推举他做一路上的主事人。

祖逖看到国家遭遇危难，忧心如焚。他胸怀大志，一心想恢复江山。他的宾客和追随他的人都是一些性情暴烈的勇士，祖逖待他们很好，像对待自己的子弟一样。

当时，扬州地区发生了严重的饥荒，这些人中的多数当了盗贼，抢劫富户的财物。他们中有的人被官府抓获，祖逖就想尽办法保护并解救他们。有人因这件事而看不起祖逖，但祖逖却坦然自若，不以为然。

后来，祖逖还向左丞相司马睿进谏道："天下的动乱，并不是由于圣上无道引起百姓怨恨和反叛，而是因为各藩王争权夺势、自相残杀，使得外族乘虚而入，以至入侵到了中原。现在那里的百姓正遭凌虐，人人都有奋起反击之志。您如果能凭借您的威望任命将帅，那么各地的豪杰必然会响应，那些意志消沉的人也会积极活跃起来。这样，雪耻就有希望了。"

司马睿听从了祖逖的话，任命祖逖为奋威将军、豫州刺史，但却只发给他一千人所用的军粮、三千匹布，让他自己去招募兵士、炼制兵器。

祖逖北伐的决心并未动摇，仍然率领自己的亲兵百余家渡江北上。当船行到江心时，祖逖猛击船浆发誓道："我祖逖如果不能扫清中原敌寇，光复国家，就像这长江之水一去不回！"他慷慨激昂，神色壮烈，众人见了都为之慨叹。渡江后，祖逖造炉炼制兵器，又招募了 2000 多人，之后又继续北上。

祖逖一向爱护别人，不论走到哪里，他都有礼貌地对待每一位兵士。因此，大家都很敬重他，戮力同心，经过几年的艰苦战斗，恢复了黄河以南大部分地区。

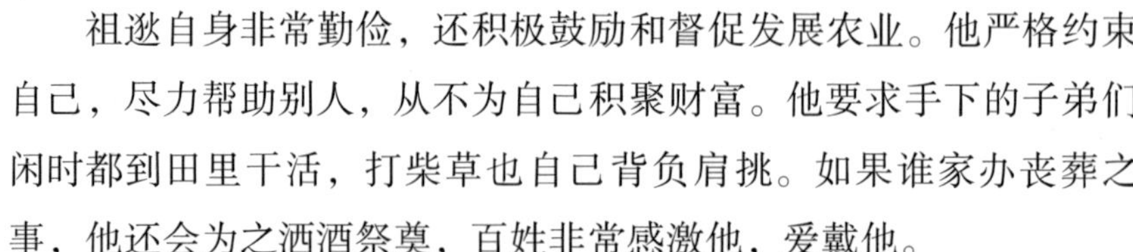

祖逖自身非常勤俭，还积极鼓励和督促发展农业。他严格约束自己，尽力帮助别人，从不为自己积聚财富。他要求手下的子弟们闲时都到田里干活，打柴草也自己背负肩挑。如果谁家办丧葬之事，他还会为之洒酒祭奠，百姓非常感激他，爱戴他。

老百姓曾经摆酒宴请祖逖军士共饮，百姓流着热泪说：“我们都老了，想不到又做了晋朝的百姓，死了也没有什么怨恨的了!”于是他们便作歌唱道：“幸运啊，被遗弃的百姓免遭俘虏，觉得日月星辰更明亮，是因为我们遇到了慈父。一杯水酒忘劳苦，甜美如瓜脯，何以歌唱慈父恩，让我们唱歌又跳舞。”

祖逖就是这样深得人心。他的朋友在给亲友的书信中，一致盛赞祖逖的威望和品德。作为一个胸怀远大抱负的爱国者，祖逖团结爱人，即使是为生计所迫沦为盗贼的人，祖逖也想法解救并团结教育他们，以至祖逖北伐时，各地军民望风归附。

唐太宗吞蝗

> 士大夫当为天下养身，不当为天下惜身。
>
> ——《格言联璧》

唐朝初年，关中地区蝗虫成灾。蝗虫铺天盖地，黑压压一片，农民的大片庄稼被吃光。农民看在眼里，急在心里，眼看来年就得挨饿，却一点儿办法都没有。

一天，唐太宗查看粮食损失情况，看到禾苗上有蝗虫，便十分伤心地说：“百姓靠五谷为生，蝗虫把庄稼吃光了，百姓挨饿，我身为一国之君如何面对天下人呢?”说着唐太宗顺手抓住一只蝗虫扔进嘴里吞了下去。

他对身边的大臣说：“就让蝗虫吃我吧，我要为百姓承受灾难。”然后下令：“赶紧运粮到关中，救济百姓。”

很快，一大批粮食运到关中，饥饿的百姓手捧着粮食面向长安高呼：“皇帝万岁。”

唐太宗青年时期曾随父亲李渊南征北战，非常了解百姓的疾苦，他自己做了皇帝之后，十分关心百姓的生活，广施仁政。他常对大臣们说：“隋朝灭亡的原因是隋朝皇帝对百姓剥削太重，百姓被迫起来反抗。所以统治者一定要爱护百姓，对百姓要施行仁政，只有这样社会才可能稳定，百姓才能安居乐业。”

他把百姓比作水，把统治者比作船，形象地说“水能载舟，亦能覆舟”。

唐太宗不仅这样说，而且也是这样做的。

有一次，他阅读《明堂针灸书》，这是一本讲如何医治疾病的书。书中写道：“人体内的五脏，都附在人的脊背上。”当时有一种刑罚，是用皮鞭抽打犯人的脊背。唐太宗读后，联想到这种刑罚，感慨地说：“既然人的五脏附在脊背上，用皮鞭抽打人的脊背，人怎能忍受得了，这种刑罚一定要废除。”于是他下令废除了这种刑罚。

唐朝初年，由于黄河多年未修，经常决堤。有一年，黄河遇上几十年未遇的大水，多处决堤，水到之处，良田被毁，房屋被淹，百姓死伤无数。

唐太宗巡视灾区，看到茫茫大水飘着的死尸，伤心地掉下了眼泪。他对身边的大臣说：“这是我的过错啊！我对不起天下的百姓，

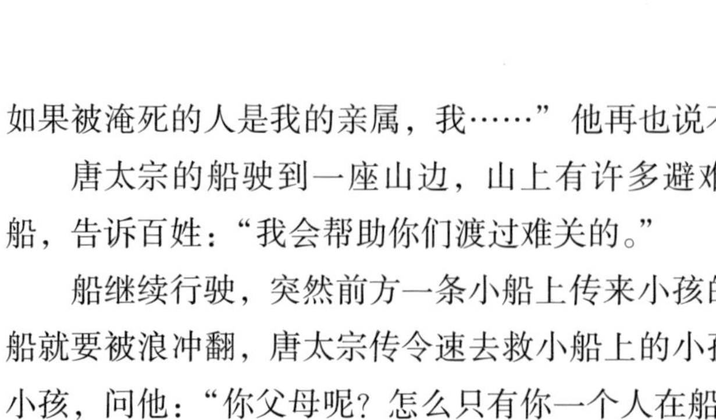

如果被淹死的人是我的亲属，我……”他再也说不下去了。

唐太宗的船驶到一座山边，山上有许多避难的百姓。他下了船，告诉百姓：“我会帮助你们渡过难关的。”

船继续行驶，突然前方一条小船上传来小孩的哭声，眼看着小船就要被浪冲翻，唐太宗传令速去救小船上的小孩。唐太宗抚摸着小孩，问他：“你父母呢？怎么只有你一个人在船上？”

小孩说：“他们把我放在了这条小船上后，就被大水冲走了。”

唐太宗眼中噙着眼泪，紧紧地揽着这个孤苦的小孩。

回到长安之后，唐太宗拨了大批粮食到灾区，又征调了大批军队去修黄河大堤，百姓无不由衷地感谢唐太宗。

没过多少年，唐朝国力蒸蒸日上，人口渐渐增多，社会稳定，商业发达。后人因唐太宗年号为“贞观”，所以把他统治时期的治世称作“贞观之治”。

唐太宗处处为百姓着想，为民谋福，解民之难，所以才会得到百姓的支持，使唐朝成为中国历史上继汉朝之后又一个强盛的时代。

周世宗熔化铜佛

> 博爱之谓仁，行而宜之之谓义。
>
> ——韩愈

1000 多年前的后周出了一个很有作为的皇帝周世宗。他登基的时候，中国大地四分五裂，许多政权同时并存，战争连年不断。人民生活在水深火热之中，精神上非常痛苦。为了摆脱世俗的苦恼，许多人在佛教里寻求解脱，于是信仰佛教的人越来越多。一时间，各地大兴土木，建造佛像、佛寺、佛塔，许多百姓遁入空门。

周世宗非常体恤下情。他想：“四海刚刚平定一点，老百姓正需要休养生息，现在兴起信佛之风，一方面大兴土木浪费百姓钱财，一方面严重影响朝廷的赋税与兵役。我作为一国之主，一定要扭转这种不良之风。”

于是，周世宗让朝臣起草了一道法令：“鉴于大兴土木建造佛像、佛寺等耗尽民膏，禁止再造寺庙、铜佛；原有的佛像除少数留作祭祀外，其余的统统烧化；废寺院；凡志愿出家的人，不仅要得到父母同意，还须念经文考试合格等。违者重惩！”法令张贴出去之后，周世宗立即命令各地官员将所在地方寺庙中一座座铜佛用炉子熔化。灭佛期间，共废寺院几万所。

面对突然而来的法令，许多百姓非常生气，特别是看到自己平时供拜的一座座佛像被大火熔化掉，心里很不理解。

老百姓的怨言传到了皇宫，一些大臣心中感到很不安，就对周世宗说：“自从化佛的法令张贴出去之后，现在老百姓议论纷纷，都对熔佛的举措不满。长此以往，恐生变故。既然老百姓喜欢佛像，就让他们去供奉好了，何苦让大家怨恨皇上呢？”

周世宗听了大臣们的话，坚定地说：“老百姓信仰佛教，不过是要佛祖保佑他们过上好日子。我们要老百姓熔掉佛像，为的是禁止财富的浪费，让老百姓过上好日子，这正合了佛祖的本意，有什么不好呢？再说，如果全国佛寺林立、香烟缭绕，人力物力都耗在了寺庙，老百姓日子就没法过了，天下的安定不就成了一句空话了吗！现在，老百姓虽然一时对此不理解，但时间长了，就会知道我们的用意的。”在旁的大臣们都被周世宗的一席话说得服服帖帖。

不久，周世宗的话传到了民间，老百姓终于理解了周世宗的一片苦心。熔化铜佛的活动很快在全国顺利进行。老百姓的日子的确也慢慢好了起来。

百姓之友苏轼

古之立大事者，不惟有超世之才，亦必有坚忍不拔之志。

——苏轼

苏轼，字子瞻，宋仁宗景祐四年（1037 年）生于四川眉山。

熙宁七年（1074 年），苏轼自杭州调往密州（今山东诸城）做官，这里没有杭州的美丽山水，也没有京城的车马喧哗，这里是寂寞的小城。这一年，天气大旱，蝗虫成灾。蝗虫飞来时，上遮日月，下掩草木，所过之处，一片荒芜。老百姓家里没有粮食，在死亡线上挣扎。

苏轼到任时看到这种现象，非常着急。他全力以赴解决问题，一方面筹措粮食，发放给灾民，收养贫苦百姓的弃儿；另一方面组织百姓积极抗灾自救，亲自率领密州百姓以火烧、以泥埋等办法消灭“横空”的蝗虫，发粮食奖励捕蝗有功的人。同时在灾后积极发展生产，使老百姓能够安心过日子。

密州素来盗贼多，郡县中多有抢劫老百姓财产的，掠走老百姓家女孩的，弄得人心惶惶。苏轼调查出首恶分子，杀一儆百，密州

的社会治安才有了好转。

后来，苏轼改任徐州知州，又遇徐州地区猛降暴雨，昼夜不止。黄河决口，淹了45个县，30万顷良田成为一片汪洋。洪峰抵达徐州城下时，水深2丈8尺，高出城近1丈1尺。站在城墙高处，只看见洪水茫茫。死在山坡上、树上的人很多，令人心惊肉跳。

城中有钱人家觉得末日快要到了，于是带着金银财宝争着往外跑，出城躲避水灾。一时间徐州鸡飞狗叫，人群东奔西撞，乱成一片。

此时，苏轼镇静自若，动员全城百姓进行抗洪抢险，不得惊扰逃避。

苏轼首先下令把有钱的大户人家全部赶入城中，张榜通衢要道，告诫全体百姓，只要苏轼在，水决不能冲垮徐州城。苏轼决心与徐州共存亡。

苏轼又履屦策杖，亲自到徐州军营，动员官兵："河水将吞没徐州城，事情非常紧急，全体官兵应为我尽力。"驻军将士见苏轼泥浆满身，不辞劳苦地组织防洪，大为感动，于是全都争先恐后地拿起工具，修筑东南长堤，阻挡洪水。

这时，天空又是乌云翻滚，连降两天暴雨，河水猛涨，眼看徐州就要城毁人亡了。苏轼临危不乱，昼夜不停地指挥徐州军民筑堤护堤，分头堵水。哪里最危险，苏轼就出现在哪里。

终于，云开雨霁，大水开始消退。徐州保住了，千千万万徐州百姓的生命财产保住了。徐州百姓十分高兴，苏轼也高兴万分。

为了防止洪水再来，苏轼调拨粮米，募集民夫，修筑堤防。在筑堤过程中，苏轼亲自参与。不久，堤坝筑成了，苏轼建筑黄楼纪念。

苏轼一生仕途多舛，他了解百姓，深感百姓的疾苦，所以他终生锐意改革进取。他除弊兴利，发展生产，深得百姓的热爱。

姚少师放粮

有君子之道四焉：其行己也恭，其事上也敬，其养民也惠，其使民也义。

——孔子

姚广孝，幼名天禧，少年出家为僧，法名道衍，字斯道，苏州人。

洪武十五年（1382 年），姚广孝以高僧被召，后随燕王朱棣赴北平（今北京），从此成为燕王朱棣的亲信谋士，帮助燕王发动“靖难之役”，夺位登极，名列“靖难之役”第一功臣。但因他的出家人身份，初未还俗，只任僧录司左善世，掌管佛教事务。

永乐二年（1404 年），明成祖朱棣特下诏谕，赐敕他为太子少师，为其复姚姓，赐名广孝。从此，他才由道衍和尚，一变而为太子少师姚广孝。

同年夏天，浓墨般的乌云伴着滚滚的雷声遮盖了江南水乡，随后瓢泼大雨从天空倾泻下来，转眼之间，水天浑为一色，一切都被笼罩在大雨之中。

雨一天天不停地下着，乌云仿佛被定在了空中，尽情地发泄着自己的不满。躲在村舍中的人们纷纷跑出家门，来到田间，望着一片汪洋，望着黑沉沉的天空，不由感到一阵恐惧——一场灾难来临了。

这场大水灾波及苏、松、嘉、湖、杭五府，这五府正是江南最富庶的产粮区。

同年六月，朝廷得到地方官府的灾情报告，明成祖立即决定对灾区开仓赈济。在下诏赈灾的同时，他考虑选派一名得力的官员前往灾区主持赈济之事，而他几乎毫不犹豫地选定了新任太子少师姚广孝。

得到明成祖的诏令后，姚广孝立即动身，回到了阔别20余年的故乡。一个当年托钵的游僧，如今却是衣锦还乡的钦差大臣。但他看到的却是故乡水灾的惨景。看到那些垂死挣扎的灾民和到处可见的弃尸，他震惊了。这次回乡对姚广孝来说，绝不仅仅是荣耀，更重要的是一份责任。

从苏州到松江（今属上海），从杭州到嘉兴，姚广孝奔走于各府县之间。他要督促各地官府开仓发米，赈济灾民，帮助他们渡过艰难时期，还要同地方官员核计免税。对于如实报灾、认真赈济的地方官员，姚广孝给予表彰支持；对于不管百姓死活，只一味催办租赋的地方官员，姚广孝查实后均予责罚。

这位70岁高龄的老人，不顾大雨过后夏日的炎热，把自己的全部身心都投入到救灾工作之中。在姚广孝的主持下，各府县开仓放粮，并且免去了当地田赋60万石，在一定程度上缓解了灾民们的负担。

救灾工作之暇，姚广孝喜欢穿上一袭旧袈裟，去访寻乡里故旧亲友，并把明成祖赏赐的金帛分赠给他们。他那在贫困中度过一生的父母均已亡故，因为曾经家贫而没有墓地，连遗骨和坟墓都不曾留下，姚广孝想祭扫一下也已不可能。他只好请人制作了父母的灵位，放进了少年时出家为僧的妙智庵中。

姚广孝徒步走到故友王宾家中，两位老朋友见面，有说不完的话。王宾为此专门撰写了《赈灾记》，颂扬了姚广孝为民放粮的

功德。

这位身居高位的功臣，在家乡父老面前，依然是往日的僧人，他下令将数以万石计的粮食分赈乡民，自己却经常只是吃些身边带的干粮。百姓忘不掉姚广孝的功德，还为他建造了祠堂，树碑立传，作为永久的纪念。

李充嗣慎理饥民

知者不惑，仁者不忧，勇者不惧。

——孔子

李充嗣，字士修，四川内江人。明成化二十三年（1487 年）进士，弘治初授户部主事，正德年间，因“治行卓异”升右副都御史，巡抚河南。

当李充嗣来到河南任上的时候，由于河南又遇灾荒，上万灾民从四面八方汇集到开封府。面对众多灾民，开封府官员准备把他们驱赶回去，使他们到本县去接受救济。而李充嗣认为这样做不妥，他说：“这些饥民已经饿到支撑不起来的程度，怎么能让他们回本县？让他们饿死于路上，我实在不忍心，也不能这样做。”

李充嗣的话很有道理，而且充满了人情味。但是，开封府的一些官员听了李充嗣的话，却直撇嘴，认为李充嗣不过是在卖弄，有些人巴望着看他的笑话！

救灾如救火，饥饿的灾民吃不上饭，随时都有饿死的危险。救济饥民，刻不容缓。李充嗣想到这里，立刻召集官员，很快做出了具体安排。

李充嗣命人在4个城门附近即刻设置几十口大锅，并挑选勤快能干的吏员负责，每天熬粥供给这些饥民吃。“就这个办法?”在一边瞧热闹的官员背地里嘀咕。风凉话刮到李充嗣的耳朵里，他只是付诸一笑，因为他很清楚像这样的话不听也罢。

就这样，10天过去了，一些喝了粥的年轻人体力逐渐得到了恢复，李充嗣心里有底了，认为可以让他们先回乡，该实施他的第二步措施了。

李充嗣在舍粥官员中挑选表现好的，负责给先返乡的青壮年发放粮食。李充嗣知道，这时给老百姓发粮食比发放金子还要重要，因此必须选择最忠实可靠的人去做，才能确保万无一失，使真正的灾民得到足够返乡的粮食，以免在路上饿死。

给返乡的灾民发放口粮的工作紧张有序地进行，说风凉话的官员又传出了新的说法：“舍粥自然是善事，可是，舍到何年何月是个头呢？得到粮食的灾民是被打发回家了，可是，那些老弱病残的饥民却一时不肯离去。”李充嗣对于这些闲言碎语，并不觉得异样，因为他懂得，工作只有做彻底，才能使那些讲风凉话的人彻底闭嘴。

李充嗣告诫负责舍粥的官员，切不可懈怠，要继续做好舍粥工作。又过了一个多月，那些老弱病残的灾民也能自如走动了，李充嗣才把他们遣送回家。由于李充嗣采取了得力的救济措施，使数以万计的饥民渡过了灾荒。

在突发事件到来的时候，李充嗣镇定自若，顶住来自各方面的压力，从实际出发，从穷苦老百姓的利益出发，采取切实可行的措施，使救济饥民的工作得以顺利进行。李充嗣的做法，对于今天的人们说来，仍有一定的启发与教益。

徐九思巧施救济

为民父母不可不知此味，为吾赤子不可令有此色。

——徐九思

徐九思，字子慎，江西贵溪人，为明朝武宗、世宗、穆宗、神宗四代老臣。虽一生官职不高，但深受百姓爱戴。

明朝嘉靖年间，初任句容县知县的徐九思已经40岁了。在担任知县期间，因为他做了许多利民的好事，深受句容县百姓的拥护。

徐九思任知县时，深知百姓的苦衷，他懂得要想使百姓日子好过，必须从根本上解决问题，而首先就是要减轻他们的负担。他为官清廉，厉行节俭，衣着朴素，倡树清廉俭朴之风。为了避免县吏们徇私舞弊，县里的大小事务，都由他亲自处理。他的举动自然引起了一些县吏的不满，但他身后有句容县众多百姓的支持，谁都拿他没有办法。

徐九思心系百姓，处处为民着想，同时他的为官理念也常常影响着手下的官员。在他的带领下，官吏们开始注重民生，体察百姓疾苦。

徐九思勤于政务，重视劳动生产。为了平衡税赋徭役，从调查情况到落实任务，他都亲力亲为。他对那些穷苦的农民特别关心，对那些地痞无赖们则毫不手软。一向节俭的徐九思节省日常办公费用，采石块铺路面，使来往行人得到方便。徐九思还根据县里旧有档案，把仍存在官府里的农民卖盐后的盐引钱还给了农民。

倘若遇上灾年，谷价大涨。巡抚拿出仓中积谷数百石，让县里“平价”卖出，而粮款要还于官府。

徐九思时常嘱咐手下的官员：“能够买得起粮食吃的，都是富豪人家，现在的贫民就是平价的粮食也买不起了。”

于是，他把救济粮拿出一半，以高价卖出，剩下一半粮食用来煮粥，分给饥民。距县城较远的穷人可到附近富人家取粮，县里替他们付款。

徐九思的居室中挂着一幅《青菜图》，其旁书有：“为民父母不可不知此味，为吾赤子不可令有此色。”意在提醒自己，时刻把百姓挂在心中。

朝廷规定，地方粮簿上有一笔注明可供地方官员开支的例金。当时地方官员以招待过路官员作为一种重要的社交手段，利用公款宴请、送礼。对于这笔例金，徐九思却分文不取，后来自行规定取消了这笔开销。

徐九思一心忙于政务，不畏惧权贵，凡事秉公办理，敢于直言。曾经因得罪府尹和中丞，被贬调离句容县。“父老乡亲数千拥而入见中丞，称公贤。”后经吏部尚书干预，才得以留任。徐九思升迁调入京城后，仍以国家安危，百姓疾苦为重。后来，徐九思因遭人陷害而被罢官。回到家乡后，他兴办义学，布施赈济，招抚流民，兴修水利，依然不改利民的初衷。

徐九思，一位明朝官吏，敢于与不良的官场习气对抗。他从劳动生产中解决百姓的生存问题，使济困变成了解困，真正让百姓自食其力，让他们懂得只有靠自己勤劳的双手才会有美好的未来。

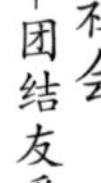

王鼎一心为民

乐民之乐者，民亦乐其乐；忧民之忧者，民亦忧其忧。

——孟子

王鼎，字定九，陕西蒲城人。他在宦海奔波一生，为人正直，一心为公，忧国忧民，为民解困，做了不少好事。王鼎在任军机大臣期间，多次奉清朝皇帝之命外出查办疑难案件。他先后共历9省，办理大小案件40余起。每案他都酌情审理，秉公执法，“判断明允”，并惩处贪官污吏。

1841年夏天，黄河在河南开封附近的祥符决口。王鼎受命治理黄河。当时，河水横流，奔腾不羁。一些昏庸的官吏，竟置人民的死活而不顾，认为燃眉之急不是堵口治河，而是先迁省城以避水祸。王鼎听说以后，非常气愤。他慷慨陈词，力排众议，并积极采取措施，保守危城。此时，开封城下，四面被水包围，颇有旦夕颓圮之危。年过七旬的王鼎亲率官吏，日夜巡护城池，终保危城无恙。堵河工程开始后，他又不畏艰辛，驻扎在工地，和民役一道露饮星宿。他经常通宵达旦地奋战在一线，疲倦时就躺在轿子中休息片刻。治河6个月之久，他很少返回省城行馆就寝。在王鼎的督察指挥下，堵河工程终于按期竣工。

鸦片战争中，王鼎当着道光皇帝怒斥穆彰阿等人卖国，并建议道光皇帝起用林则徐。但是，道光皇帝对此却置之不理。王鼎积愤难消，不久便关门自草遗书，再度苦谏道光皇帝起用林则徐抗敌保国和谴责穆彰阿误国害民。书毕，他置遗书于夹衣衫中，怀着满腔的悲愤，在圆明园寓邸中自缢尸谏。

王鼎去世后，陕西蒲城的绅士、乡亲们，怀着对王鼎的崇敬之情，报陕西巡抚奏请道光皇帝，将他埋在故里。至今，蒲城人民还竞相传颂着他的事迹。

第二章 关爱部属 顾全大局

祁奚的“尚公”精神

路遥知马力，日久见人心。

——《元曲选·争报恩》

祁奚（前620—前545年），本姓姬，字黄羊，春秋时晋国人。因食邑于祁（今祁县），遂为祁姓。公元前573年，祁奚被任为中军尉。

公元前570年，祁奚因年老告退。晋悼公问：“谁可以接替中军尉一职？”于是，他便举荐了与自已有仇的解狐，但解狐未及上任就死了。

晋悼公再次问他：“谁还可以接替中军尉一职呢？”他回答说：“我的儿子祁午可以。”晋悼公问：“你为何既举荐你的仇人，又推荐与你关系密切的人呢？”祁奚答道：“公问何人能胜任，并非问及与我的关系呀！”晋悼公认为有理，便任命祁午为中军尉。

公元前556年，晋平公重封祁奚为公族大夫。公元前551年，执掌晋国朝政的大臣范宣子杀死大夫羊舌虎，又株连其兄叔向入狱。有人劝叔向求宠臣大夫乐王鲋为之说情，叔向直言：“惟祁大夫能救我。”祁奚听说后，不顾年老路遥，驱车面见范宣子并义正辞严地说：“《尚书》讲，对一位有智慧、有谋略的人应当相信、保护及安慰。叔向是参与谋划国家大事而很少有过错，教诲别人又从不知疲倦的人呀。对这样的人不给以安慰重用，却反而被株连，

这是国之大失啊！过去，鲧被处死，其子禹却得到重用，管叔、蔡叔被杀逐，其兄周公却仍在辅佐成王。我们怎么能因为一个羊舌虎，就置整个国家的利益于不顾呢?”范宣子听了祁奚的话很受感动，两人一起面见晋平公，说服晋平公赦免了叔向。事后祁奚悄然而归，叔向也未登门拜谢。

祁奚这种以国家社稷为重，外举不避仇、内举不避亲、举贤不为谄、救人不图报的“尚公”精神，受到世人的称道。孔子赞美祁奚道：“祁奚举荐仇人，不为巴结；举荐儿子，不为偏爱；举荐辅佐，不为结伙……惟有贤能才可以举荐贤能啊!”司马迁在《史记》中也称赞道：“祁奚可谓不党矣！外举不隐仇，内举不隐子。”

齐景公欲速不达见深情

士有妒友，则贤交不亲；君有妒臣，则贤人不至。

——荀子

齐景公（？—前490年），名杵臼，春秋时齐国国君，公元前547—前490年在位。

这一年，齐景公到少海出游。游兴正浓的时候，突然有人从国都赶来报告，说：“晏婴得了重病。如果国君不能马上回京，恐怕就见不到他了!”齐景公听了，急得不知所措，半天才回过神来，而后命令最好的马车夫韩枢驾着最快的骏马烦且，立即赶回京都。

韩枢使出浑身的解数，烦且奔驰如飞。顷刻之间，已行了数十里路。然而，齐景公仍觉得车子太慢。他夺过韩枢手里的鞭子和缰绳，亲自驾驭起来，嘴里还不住地叨念：“晏婴啊晏婴，我的好爱卿，我说什么也得见上你一面！平仲啊平仲（晏婴的字），我的好帮手，我就要赶到你的身边！烦且啊烦且，都说你是千里马，原来却是这般模样！像你这样迟缓，我什么时候才能见到晏婴！”

其实，烦且很懂人情，像知道国君的心思，呼哧呼哧地喘着，简直不是在跑而是在飞。然而，齐景公仍感觉它跑得很慢，甚至觉得根本没有前进。齐景公失态地喊道：“下车，下车！”车子煞住后，齐景公径直向京都方向跑去……

马跑得快还是人跑得快呢？当然是马啊！虽然齐景公像小孩子似的办了“傻”事，欲速则不达；但是，病中的晏婴如果知道了国君为他如此犯“傻”，应该会感激涕零吧！

齐景公身为齐国国君，心里能这样装着他的臣子，这是怎样深厚的君臣之情啊！

将相和

> 天时不如地利，地利不如人和。
>
> ——《孟子》

春秋战国时期，赵国有个大将廉颇。他能干功高，但骄傲自

大，争名争位。

他对地位已经超过自己的蔺相如很不服气，常对人说：“我是赵国的大将，有攻城守地的大功。而蔺相如过去是个地位卑贱的人，只凭着卖弄唇舌就爬至我的头上！我真不甘心职位在他之下。”说着，又猛地一扬头，发誓说：“我见到蔺相如，一定要羞辱他。”

蔺相如听说了廉颇的话，知道他正在气头上，就有意躲避着他，不肯与他见面。国王召集文武大臣上朝，蔺相如常常称病不去。

有一天，蔺相如坐车出门办事，走到穿城街时远远看见廉颇也坐着车，从对面走来。蔺相如急忙叫车夫把车拐到胡同里，躲藏起来，等廉颇过去之后，才把车退出来，继续往前走。

门客们对蔺相如回车避见廉颇的做法实在看不惯，就找到他说：“我们离开亲戚朋友，到您这里办事，是认为您智勇双全、道义高尚。如今您的地位在廉颇之上，他说您的坏话，您不回击；您见到了他，像老鼠见了猫一样，又是躲，又是藏。一般老百姓也受不了这个窝囊气，您身为上卿，却一点也不感到羞耻。我们可忍不下去，请让我们走吧。”

蔺相如好言好语劝留他们说：“你们说，廉将军与秦王比较起来，谁厉害？”

门客们答道：“当然是秦王厉害。”

蔺相如点点头说：“是啊。秦王那么厉害，我都敢在大庭广众之下痛斥他，侮辱他的左右大臣。我虽然很愚笨，难道独独怕一个廉将军吗？我考虑的是，强大的秦国之所以不敢侵犯赵国，是因为赵国有我们两人在，一文一武，同心协力。如果我们俩互相争斗，那正是其他国家所希望的。我对待廉将军，是把国家的安危放在前面，个人的成见放在后面。”

蔺相如的话，很快传到廉颇的耳朵里。廉颇坐立不安，越想越受感动，内心十分惭愧。于是他脱掉上衣，光着膀子，背上荆条，跑到蔺相如家里，跪在蔺相如面前，痛哭流涕地说："我心胸狭窄，为个人名位斗气。没想到上卿品德如此高尚，以国为重，宽以待我。我实在对不起你，特来向您请罪。"

蔺相如急忙把他扶起，两人终于把话说开。

从此以后，两个人变成了同生死、共患难的好朋友。他们团结一致，文武配合，为国效力，使秦国不敢轻易攻打赵国。

爱兵如子的军事家吴起

恩德相结者，谓之知己；腹心相结者，谓之知心。

——冯梦龙

吴起，卫国左氏（今山东菏泽定陶西）人，是战国初期著名军事家和改革家，写有《吴起兵法》一书。《吴起兵法》对战争有一系列精湛见解，在中国军事史上占有重要地位。

吴起出生在一个"家累千金"的富有家庭。他自幼习武，胸怀大志，刻苦自砺，重诺守信，年轻时就办事认真，注意在社会上树立自己的威信，并通过处理日常琐事，来培养锻炼自己的意志力和办事能力，是个有心计、有抱负的人。

为了在政治上谋求发展，吴起一心想走仕途，谋取官职。他多次外出游历求官，花费了大量金钱，结果都未能如愿，家产用尽却

事业无成，徒然召来许多人的讥笑和诽谤。吴起早年丧父。母亲见家业败落了，儿子也没混上个官职，还时常受人奚落，心里很不是滋味。一天，她把吴起叫到跟前说："儿啊，你想自立，这是好事，母亲不拦你。可这不容易啊！现在家里的钱物都叫你花完了，往后可怎么过呀？"

吴起看到在卫国不能实现自己的志愿，就打算到别的国家去学本事。临行前，他跪在白发苍苍的母亲面前，咬破自己的臂膀，指天发誓说："您老放心吧，儿子决心离家谋生，做不到卿相那样的大官，我就不回卫国！"

吴起先来到鲁国，在鲁国搜集一大批著名军事家写的兵书，废寝忘食、夜以继日地研读，不仅把兵书读得滚瓜烂熟，而且能独立思考、融会贯通，有自己的独到见解。

后来，鲁穆公任命他为大将，叫他带领两万人马去迎击齐军。吴起当上了大将，军营将士一时议论纷纷，有的说他是个不会打仗的书生，有的说他名声不好，不忠不孝，母亲死了都不回去奔丧。吴起不把这些流言蜚语放在心上。

他想：要以弱胜强打败齐军，首先要依靠将士们齐心创力，这就要充分调动大伙儿抗敌卫国的热情。

过去，大将到来总是带着大批随从，排列堂皇的仪仗，声势显赫。吴起却轻车简从，穿着朴素。他一到军营，就深入士兵中。士兵们住宿条件很差，地上铺了一层杂草，吴起就跟大伙儿一起在上面睡觉。吃饭时，吴起拿起碗筷，和士兵们一起吃。士兵们没有车乘，没有马骑，吴起也同样不乘车，不骑马。他从不克扣军饷，不打骂士兵。

不久，他就与士兵们消除了隔阂，相处得亲密无间。大家都乐意听从他的指挥。吴起还抓住一切机会，耐心地向将士们讲解保卫国家、英勇杀敌的道理，激励大家的斗志。

鲁军士兵士气大振，向齐军发起反击。在抗齐战争中，吴起善于用兵，身先士卒，初试锋芒就打败了强大的齐军。

这次弱军战胜强军的战争，挽救了危亡的鲁国，提高了鲁国的威信。从此，吴起的名声在各国传开了。

由于魏文侯正在励精图治、招揽人才。吴起知道自己卫国人的身份在鲁国难以受到重用，又恐怕一旦有人在鲁穆公面前挑拨，自己连性命也难保。于是毅然离开鲁国，来到魏国。

魏文侯任命吴起为将军，率兵到魏国的西部边境，抵御秦国。

吴起一到西部边境，就和将士们一起修城墙，练兵马。为了防备秦国，还修了一座很重要的城，叫吴城。他体恤部下，与士卒共甘苦。他行军不骑马，宿营不设单独的床铺，亲自背军粮；他爱护士兵，与他们穿一样的衣服，吃一样的饭。

有一次，一个年轻的士兵身上长了毒疮，毒疮里的脓血排不出来，痛得满地打滚。吴起见此情景，为解除士兵的痛苦，他竟不顾毒疮有多脏、多臭，亲自用嘴给他吸出脓血，调药治疗。

在吴起的统率下，士卒表现出顽强的战斗力。他指挥的军队往往能打败数倍于己的敌军，吓得秦兵不敢侵犯魏国，韩国、赵国、齐国都派使者到魏国来结交。

吴起不仅会谈兵论武，南征北战，他还深深懂得体恤将士、与将士同甘苦的重要性。因此，他最终成为一代名将。

昭君出塞

百年心知同，谁限河南北。

——姚合

王昭君，名嫱，字昭君，西汉南郡秭归(今属湖北)人。《后汉书》载：汉元帝时，容貌艳美的王昭君以“良家子”被选入深宫。

匈奴呼韩邪是曾两次到中原朝见的单于。公元前 33 年，呼韩邪第三次入汉朝，除表示称臣友好外，还特地提出“愿婿汉氏以自亲”的请求。消息传开，深居内宫、很有见识的王昭君向皇帝请求甘愿随呼韩邪到塞外并嫁其为妻。

管事的大臣正在为没人应征而焦急，听到王昭君肯去，就把她的名字上报汉元帝。汉元帝吩咐办事的大臣择个日子，让呼韩邪和王昭君在长安成亲。

呼韩邪得到这样一个年轻美貌的妻子，心情非常高兴和激动。夫妻两人向汉元帝谢恩后，高高兴兴地回匈奴去了。

王昭君等人在汉朝和匈奴官兵的护送下，离开了长安。她骑着马，冒着刺骨的寒风，千里迢迢地到了匈奴。

昭君出塞后，被呼韩邪封为“宁胡阏氏”（阏氏，匈奴语，是汉朝时对匈奴单于、诸王之妻的统称或尊称，宁胡阏氏即为匈奴带来和平安宁的王后）。汉元帝亦因昭君出塞能使“边陲长无兵革之事”而将自己的年号由“建昭”改为“竟宁”。为和亲而改元，这在历史上是绝无仅有的。

昭君出塞，汉朝先进的农业生产技术和丰富的物产随之带入匈奴，匈奴盛产的牲畜及畜产品也源源不断地传入中原，汉匈之间经济文化交往和友好关系出现了一个崭新的局面。昭君出塞后的五六年间，汉匈之间出现了“边城晏闭，牛马布野、三世无犬吠之警，黎庶无干戈之役”的和平繁荣景象。

王昭君这一和平友好的使者，远离自己的家乡，长期定居在匈奴，她劝呼韩邪不要去发动战争，在促进、维护汉匈友好关系上有着巨大贡献。她和匈奴人民相处得很好，匈奴人都喜欢她。因而昭君受到塞外人们极大的敬重。至今内蒙古地区仍流传着许多关于她的传说和故事。昭君死后，被葬在今内蒙古自治区呼和浩特南郊大黑河南岸。昭君墓高 33 米，因远望墓表黛色冥蒙，故又名“青冢”。

王昭君的功绩永垂史册。

刘秀与王霸的君臣之谊

> 恶人相远离，善者近相知。
>
> ——王梵志

东汉光武帝刘秀，字文叔，先后推翻王莽、刘玄后称帝。刘秀是一位名垂青史的圣明君主。他的周围有许多忠心耿耿的臣子辅佐

他，王霸就是其中的一位。王霸曾经几次出生入死地帮助刘秀兴复汉室，由此可见他们之间的情深谊重。

西汉末年，外戚王莽篡权称帝，他的改革加剧社会动荡，各地纷纷举旗造反。公元 22 年，汉朝宗室刘秀起兵响应绿林起义军。

当刘秀率领起义军路过颍阳（今河南许昌西）时，当地人王霸召集了一些朋友门客毅然地投奔入伍。刘秀热情地接纳了他们。随后转战各地。刘秀足智多谋，英勇善战，屡战屡胜。王霸随军参战，英勇杀敌，立下了战功。不久，王霸回乡休息。刘秀送王霸一段路程，两人洒泪而别。

后来，刘秀带领大军路过颍阳，便亲自去看望王霸。王霸深受感动，并请求父亲让他跟随刘秀离家出征。他父亲说："既然刘将军如此仁义重情，如此器重你，你就去吧，好好地辅佐刘将军，不要半途而废!"

那时，刘秀还不是最高统帅，被起义军拥为更始皇帝的刘玄，对足智多谋、能征善战的刘秀十分猜忌。为了躲过杀身之祸，保存实力，刘秀便请求刘玄让他到河北去招抚各州郡义军，刘玄答应了。于是王霸随刘秀而去。

风云变幻，前途险恶。那时，更始皇帝的权力还没布及河北。河北多割据势力，刘秀此去凶吉未卜，成败难测，并且长途跋涉，人困马乏，大家十分劳苦疲惫。但这些都没有动摇王霸的意志，他依然忠心耿耿地跟随刘秀。而有不少的随行人员，因担心刘秀成不了大事，又受不了艰苦，纷纷离开刘秀。

走掉的人越来越多，人马逐渐稀少。渡过黄河以后，刘秀环顾四周，见身边从颍阳出来的人只剩下王霸了。刘秀凝望着涛涛不息的黄河水，凝望着连绵不断的远山，思绪万千，万分感慨。过了许久才转过身来，拍着王霸的肩头，深沉地说："从颍阳出来跟随我的人，只剩你一个了，真是疾风知劲草啊!"云天寥廓，秋风萧瑟，此刻的刘秀有些许落寞。王霸忙说：“将军，我们不能气馁，只要将军坚持下去，兴复汉室指日可待!”两人又快马加鞭向前赶去。

刘秀到达蓟县，还没有站稳脚跟，便听说盘踞在邯郸的王郎悬赏捉拿他。刘秀连夜仓促南逃，一路上王霸尽心竭力地护卫刘秀，帮助他脱离了险境。后来，王霸又亲自带领军士讨平了王郎。

经过几年征战拼搏，刘秀做了皇帝，成了东汉的开国君主。但刘秀仍然不忘王霸的忠心和才智，封他为富波侯。公元 33 年，王霸被任命为上谷太守。王霸也始终不忘刘秀对他的友爱之情和知遇之恩，倍加努力，孜孜不倦，克尽职守。王霸亲自同士兵们垒土堆石，治隘口，筑亭障，并且冲锋陷阵，与匈奴、乌桓作战数百场，为巩固和保卫东汉王朝作出了卓越的贡献。

冯异爱护兵士

君子上交不谄，下交不渎。

——《周易》

冯异（？—34 年），字公孙，颍川父城（今河南宝丰东）人，是东汉时的一位大将。他为人好学，熟读《左氏春秋》《孙子兵法》等。他作为将军，待人和气，礼让谦虚，关心体悯士兵，与三军将士建立了深厚的战斗友情。

当时，刘秀还未称帝，各地群雄割据。冯异跟着刘秀东征西

战，立下了汗马功劳。但他从不居功自傲，对将士们十分和气。冯异在路上与别人相逢，总是命自己的乘车让道，这使他深得大家的敬仰。每次打仗后论功行赏时，冯异常常把功劳归于别人，特别注意奖掖那些作战勇敢的下级军官和普通士卒。每次激烈的战斗后，他便喜欢坐在大树下，或是看书，或是写字，将士们从心里喜欢他，都亲切地称他为“大树将军”。

有一次，刘秀带着部队来到饶阳芜蒌亭。那时气候寒冷，加上长途行军，众人饥疲交迫，有些支撑不住了。冯异看到这种情景，十分疼惜士卒，便派人煮了一大锅豆粥，端送给大家。士卒一看到热气腾腾的豆粥，眼睛立刻亮了，不少人还欢快地喊叫起来：“又热又香的豆粥，快来喝啊!”士卒们争先恐后地喝着豆粥，一碗又一碗，直到头上冒了汗，饥寒顿时消除了。

还有一次，队伍来到南宫县，适遇一场瓢泼大雨，兵士们被浇得像落汤鸡，冻得瑟瑟发抖。冯异又想方设法找来了木柴，立刻升了一堆熊熊的大火，兵士们高兴地围拢来，烤身子，烤衣服，寒冷一扫而光。

冯异这样关心兵士、爱护兵士，兵士们都喜欢他；打起仗来，兵士们令行禁止，都听冯异的指挥，军队战斗力很强，连连打胜仗。

刘秀也很喜欢他，认为像冯异这样能够紧密团结自己周围兵士的将军，是很难得的。刘秀在占领洛阳登了帝位后，便派冯异平定关中，长期坐镇长安，百姓都称他为“咸阳王”。有人向光武帝上奏，说冯异的坏话。冯异听到此事后很惶恐，给皇帝写奏书申辩说：“过去境况十分艰难时，我做事尚且不敢有半点差错。现在天下太平，又得了爵位，我如何要做不轨之事?”光武帝刘秀看了看奏章，给冯异回了一封诏书说：“将军之于国家，义为君臣，恩犹父子，何嫌何疑，而有惧意?”

公元30年，冯异自长安入朝。光武帝指着冯异对公卿们说：

"他是我起兵时的主簿，为我披荆棘，定关中，为人谦和，善交战友，体悯将士，人们称之为'大树将军'。"散朝后，光武帝不能忘怀当年冯异在艰难时刻煮粥、举火的深情厚谊，便赏给冯异珍宝、衣服、钱帛，又写了一道诏书："仓卒芜蒌亭豆粥，虖沱河麦饭，厚意久不报。"

曹操招才

五人团结一只虎，十人团结一条龙，百人团结像泰山。

——邓中夏

曹操，字孟德，安徽亳州人，东汉末期杰出的政治家、军事家和诗人。

他一生做官40余年，绝大部分时间是在战争中度过的。他励精图治，3次下令求贤。《求贤令》中说："自古以来，凡是开国和使国家复兴的君主，哪有不是求得有才能的人与他共同治理天下的呢？而他们得到的人才，却往往来自里巷之中。这难道是侥幸得来的吗？这其实是居上位的人主动寻求的结果。现在国家尚未安康，正是需要贤人的时候。你们要帮助我寻求被埋没的人才，只要推举上来，我就任用他们。"曹操在一生政治军事生涯中，非常注重重用人才、招募人才、团结人才。

曹操的重要谋士荀彧，祖代都起自“布衣”，后被曹操提拔为尚书令，参与军政大事。郭嘉、温恢原也是小吏，后来被曹操提到重要领导岗位上。他们在曹操的事业中，都发挥了巨大的作用。

过去与曹操他抱敌对态度的人，只要改了，曹操也能一样录用。如“建安七子”之一的陈琳，写得一手好文章，并一度投靠袁绍，袁绍讨伐曹操的檄文就是他写的。檄文中用“赘阉遗丑”等恶语辱骂曹操，还把曹操的祖父和父亲骂了一通。后来曹操打败袁绍，平定河北，陈琳落在曹操手中。陈琳慌恐不安，急忙请罪，以为曹操一定会把他处死。可曹操不但没治他的罪，还安慰他说：“过去的事就算了，只要你为我献计献策就行了。”曹操任命陈琳做了司空军谋祭酒，把他留在身边掌管文书。后来曹操发表的重要文告，很多都是陈琳起草的。

曹操在官渡之战中打败袁绍时，在缴获的文件档案中，发现很多自己军中写给袁绍的私人书信。有人提议要严加追查惩办。曹操却说：“那时袁绍势力强，我自己的地位都难保，何况部下呢?”于是下令把这些信件全部烧掉。那些过去与袁绍有私交的官员深为感动，消除了顾虑，后来都积极为曹操的事业效力。

对豪强、军阀，曹操也不是一概排斥。如割据宛城的军阀张绣，指挥作战的才能非常出众。他与曹操多次交战，在一次战争中还杀死了曹操的大儿子曹昂。最后，张绣因作战失败，在走投无路的情况下投降曹操。他自知性命难保，可曹操不记私仇，拜为扬武将军，仍然让他指挥军队。后来，他在官渡大战中立了大功，曹操把他和其他有功人员一样对待，封为列侯。

曹操用人不徇私情，即使是自己的儿子也不例外。由于他注重、爱惜、团结人才，所以许多有才能的人士纷纷前来投奔。因此，曹操身边出现了猛将如云、谋臣如雨的盛况。

周瑜团结部下

人生所贵在知己，四海相逢骨肉亲。

——《雁门集》

周瑜，字公瑾，是东汉末年一位文武兼备的青年将军。

在《三国演义》等文艺作品中，周瑜被描写成心胸狭隘、忌贤妒能的人。但这是文艺作品中的周瑜。历史上的周瑜是个风流儒雅、气度宏大、很能团结人的将领。

赤壁之战前，周瑜被任命为前部大都督，总领东吴的兵马。老将程普因在周瑜部下，心里很不服气。程普认为，自己资格老，功劳大，而周瑜还是个青年，于是便不把周瑜放在眼里。

程普经常借故不出席周瑜主持的军事会议，还不断给周瑜出难题。面对程普的轻慢，周瑜从不计较，对程普依然很尊敬，经常征求他的意见，并努力做好自己的本职工作。

程普见周瑜确实把部队指挥得井井有条，是个难得的将才，心里很佩服，又被周瑜的宽广胸襟所感动，于是亲自向周瑜赔礼道歉，二人成了好朋友。他们共同努力，打赢了赤壁之战。

后来程普感慨地说："和周公瑾相交，就像喝美酒一样啊！不知不觉之中就醉了。"

孙权关怀属下

同心而共济，始终如一，此君子之朋也。

——欧阳修

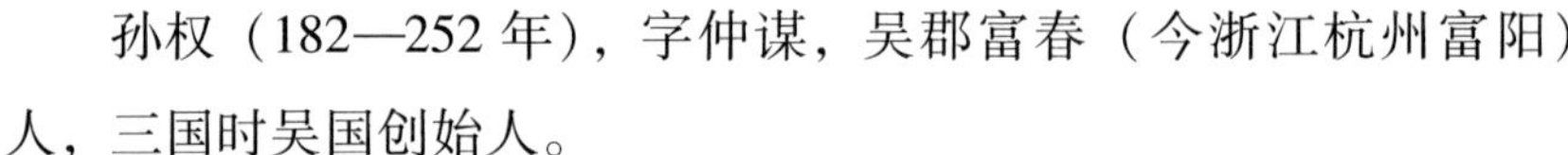

孙权（182—252年），字仲谋，吴郡富春（今浙江杭州富阳）人，三国时吴国创始人。

200年，孙权开始掌江东六郡。当时，政治形势十分严峻，江东面临被强敌曹操兼并的危险。孙权勇敢果断，联合刘备在赤壁之战中一举以弱胜强，奠定了魏、蜀、吴三国鼎立的局面。

孙权的成功，与他重视人才、关怀属下是分不开的。

吴将吕蒙，在赤壁之战中立下了赫赫战功，后又因计破关羽、收复荆州，孙权封吕蒙为孱陵侯。不久，吕蒙得了重病。孙权得知后，立即派人把他接回来，安置在自己的馆舍中，让人精心护理，千方百计地给他治疗。医生给吕蒙针灸时，孙权常守候在他的身旁，看样子比吕蒙还难受。随着吕蒙病情的恶化，孙权探视的次数也多了起来。孙权想常看到吕蒙，又怕他劳累，便叫人在吕蒙病室的墙壁上凿了洞。这样他便可以随时观察到吕蒙病情的变化，而不致惊扰他。孙权看到吕蒙能吃点东西了，便高兴得和大臣们又说又笑；看到吕蒙脸色不好，就长嘘短叹、夜不能眠。

吕蒙的病曾一度好转，孙权异常高兴，并为此颁发了赦免令。

大家见孙权如此关怀属下，都十分感动，纷纷前来祝贺。

不幸的是，吕蒙最终因久治不愈而死去。孙权悲痛万分，安置了 300 户人家为他守陵。

李世民与臣下肝胆相照

> 大丈夫处世处，当交四海英雄。
>
> ——《三国志·蜀书·刘巴传》

李世民隋朝末年随父亲李渊起兵。隋亡后，李渊称帝，为唐高祖。李世民被封为秦王，任尚书令，“玄武门之变”后不久即位为皇帝。他当皇帝以后，能够保持清醒的头脑，从言纳谏，励精图治。

魏征原是太子李建成的洗马官，经常为其出谋划策，多次劝李建成杀死李世民。“玄武门之变”后，李世民以太子的身份处理政务，把魏征招来骂道：“你为什么挑拨我们兄弟之间的关系?”众人无不为魏征捏一把汗。魏征却神色自若地说：“先太子若听我的话，必无今日之祸!”他豁出性命，准备被杀头。不料，李世民反而赞扬他的才华和敢于直言，任命他为谏议大夫。从此，魏征跟随在李世民身边，专门掌管侍从规谏事务。

李世民唯才是举，精于用人。他即位后，大力整顿朝纲，决心开创一个太平盛世。但是，新朝伊始，百业待兴，朝廷内外事务繁

重，需要人才的地方太多了。早在他当秦王时，就靠心腹大臣房玄龄等人招来许多治国人才。这时，他更认识到选拔人才对治国安邦的极端重要性。他选拔人才不计较出身和经历。在唐初的大臣中，有不少人出身小官吏，如张玄素、孙伏伽等。贞观五年（631 年），李世民为了使朝廷中的官吏能进献治国大计，从中发现人才，曾发动中央文武百官对政事各抒己见。中郎将常何在奏章中一下子提出 20 多条建议。李世民看奏章写得如此有水平，甚为惊讶，同时又觉得有些奇怪，因为唐太宗早知常何出身于武夫，没有多少学问，便询问常何。常何直截了当地说："这不是我写的，是我的门客马周写的。"李世民立即召见马周，后一步步提拔这个穷困潦倒的书生。

李世民用人心正不疑，君臣肝胆相照。他经常用历史上的一些君主因用人多疑，枉杀忠臣，导致君臣关系紧张，直至亡国的事实告诫自己。隋亡的教训，是他的一个很好的反面教材。李世民深知猜忌多疑的危害。他认为，对于一个人才来说，要么不用，用则不疑，既用又疑，则必不能尽其才。"玄武门之变"前，为李建成出谋划策的骨干都是李世民的死敌，但事变之后，李世民把他们收为自己的部下，化敌为友，还重用了魏征这样的人。

李世民以至诚治理天下。他认为君臣和睦相处、肝胆相照，臣下才能竭忠尽力、有所作为。他说："一旦国君对大臣怀疑，人们就不敢畅所欲言，下情便不能上达。这样，要求臣下尽忠报国便不可能了。"

对那些经过长期考验、忠心耿耿的大臣，更要重其大节，不可吹毛求疵，尤其不可轻信谗言，率性惩处，否则后果往往不堪设想。所以李世民对那些在皇帝面前说人坏话、专事攻击别人的官吏特别警惕。贞观十八年（644 年），李世民亲率大军征伐高丽，在洛阳停留。临行前，他命令房玄龄留守长安，授权处理朝廷一切事务。有一个官员当面对房玄龄说："我要向皇帝告状。"房玄龄问他："你告的是谁?"此人毫不掩饰地说："我要告的就是你!"这件大事出在皇帝不在朝中的时候，房玄龄不敢隐瞒，便用驿马送他去洛阳面见皇帝。李世民听说房玄龄有公文送告状人，已经猜出大概，命令卫兵持兵器立于面前，然后引见来人。他问道："你走这么远的路来到这里，是告何人?"那人答道："告房玄龄!"李世民厉声喝道："果然如此！好大的胆，推出去斩首!"事后他对房玄龄说："你太不自信了，以后遇到类似情况，完全可以自行处理，不必报告!"

李世民既善于用人之长，不求全责备，又注重德才兼备，防止佞臣得道。李世民曾对封德彝说："治国的根本在于得人。我让你们举贤荐能，可至今也没有看到一个。这是为什么呢?"封德彝有点委屈，回答说："不是臣不尽心，而是眼下确实没有治国人才呀!"李世民说："用人如用工具一样，工具各有各的用处。俗话说，坚车能载舟，犁田不如牛。古代圣明贤君都是从当代选拔人才的，从来不会在别的朝代选人。只怕你不识才而埋没了当代的人才。"

李世民在注重官员的才能的同时，也同样重视官员的品德。他曾说："朝廷如果选用一个正直的人，所有善良的人都会受到鼓励；如果选用一个坏人，佞人便蜂拥而来。"他还认为国君是身躯，臣民是影子，躯干挺直，影子自然不会弯曲；国君是源头，臣民是溪流，只有源头清，溪流才不会混浊。

由于李世民善于纳谏、精于用人，国家日益繁荣昌盛。

狄仁杰体恤同僚

近朱者赤，近墨者黑。

——傅玄

人们都知道狄仁杰断案很奇，但他的过人之处远不止这些。他个性耿直无私，执法如山，伸张正义，不畏权势，即使在唐高宗、武则天面前也坚持原则，最终赢得武则天的信任和同僚的尊敬。

狄仁杰出身于普通官僚家庭，但他生性淳厚，从不以出身看人，因此很年轻的时候就得到不少长辈的夸赞。在他当并州都督府法曹时，同僚郑崇质奉命出使一个很遥远的蛮荒之地。偏偏郑崇质有一个年老且多病的母亲，郑崇质丢下母亲只身远行心里很不是滋味。狄仁杰见状十分同情，便求见作为主管长官的长史蔺仁基，对蔺仁基说："郑崇质的母亲老弱如此，我们怎么能忍心他在万里之外还为母亲担忧呢！"随即便自告奋勇，要求代替郑崇质出使。

狄仁杰的举动使蔺仁基深受感动。此时蔺仁基正和司马李孝廉闹矛盾，俩人不但在公事上互相拆台，而且平时形同陌路，都以看对方的笑话为乐事。面对涉世未深却如此急公好义的狄仁杰，蔺仁基非常惭愧，于是他硬着头皮找到李孝廉，把狄仁杰的所作所为说了一遍，并深有感触地叹道："与仁杰相比，我们难道能不自惭形秽吗?"李孝廉果然也深受震动，俩人从此和好如初。

狄仁杰这种能从大局出发，乐于助人，与他人和睦相处的品质值得世人学习。

范仲淹劝说同僚

直道岂求安富贵，纯诚惟欲助清光。

——范仲淹

这天，峨冠博带的大臣富弼步出宫殿，气恼得脸都青了。他气乎乎地对范仲淹说："今天担心的是法制不立，我正要宏扬法令，你却从中阻止，怎么能使大家信服呢？"

范仲淹知道富弼生气的原因：刚才在皇帝面前，讨论到高邮守将晁仲约用钱粮犒劳过一股强盗的事情（晁仲约让有钱人捐出金钱、牛羊、酒菜慰劳强盗，强盗没有施暴就离开了）时，富弼认为晁仲约"贿敌"应该斩；范仲淹不同意，认为是晁仲约让有钱人出点钱粮就避免了一场杀戮抢劫，不应该获罪。皇帝同意了范仲淹的观点。范仲淹看见富弼还在生气，拉他到一边，悄悄说："大宋建国以来，皇帝没有乱疑乱杀，这是一种好传统啊，为什么要破坏它呢？况且伴君如伴虎，皇帝若杀惯了，我们今后恐怕也危险哪！"

"不然，不然。"富弼摇头走了。从此俩人的关系越来越疏远了。

不久，范仲淹出任陕西经略副使，富弼到河北一带巡视去了。一次，富弼从河北回京城开封办事。刚到城外，来人对他说："皇

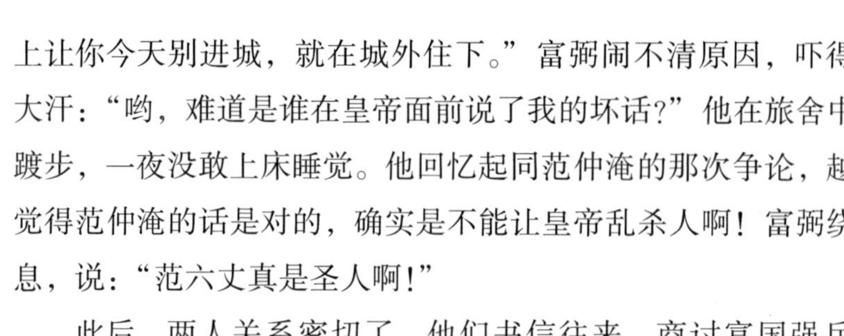

上让你今天别进城，就在城外住下。”富弼闹不清原因，吓得满头大汗：“哟，难道是谁在皇帝面前说了我的坏话？”他在旅舍中彷徨踱步，一夜没敢上床睡觉。他回忆起同范仲淹的那次争论，越想越觉得范仲淹的话是对的，确实是不能让皇帝乱杀人啊！富弼绕床叹息，说：“范六丈真是圣人啊！”

此后，两人关系密切了，他们书信往来，商讨富国强兵的计划，两人一起建议改革朝政，为加强宋代的边防作出了贡献。

欧阳修巧劝宋祁

> 合意友来情不厌，知心人至话投机。
>
> ——冯梦龙

宋祁写文章爱用冷僻的字词，以显示自己博学多才。比如“蓬生麻中，不扶而直”是很好懂的句子，他偏偏要改为“蓬在麻中不扶而挺”，用“挺”来代替“直”字，结果反而使好懂的句子变得不好懂了。

欧阳修参加编修《新唐书》后，看到宋祁爱用冷僻字，很想给宋祁提出来。宋祁比欧阳修大好几岁，欧阳修不好直说，因此非常着急。

一天，欧阳修去探望宋祁，正巧宋祁不在。他灵机一动，便在门上写道：“宵寐匪贞，札闼洪休。”随后，欧阳修就在附近散步。

宋祁回来，瞧见门上八个大字，问道：“谁在门上乱画？”

“啊，我写的！”欧阳修赶上前去，说：“对不起，把您的门弄脏了。”

宋祁见是欧阳修，转怒为笑，说：“永叔先生来了，失迎失迎。”他本是个爱用冷僻字的老手，望着门上的字，一时也懵了，问：“这写的是什么意思呢？”

“怎么？您忘了？”欧阳修笑着说，“这八个字就是‘夜梦不祥，题门大吉’啊！”

宋祁恍然大悟，之后他不以为然地说：“你就写‘夜梦不祥，题门大吉’好了，何苦用这种冷僻字眼呢？”

欧阳修哈哈大笑，说：“这就是您老修书的手法呀！‘迅雷不及掩耳’多明白，您偏写什么‘震雷无暇掩聪’，这样写出的史书谁能读懂呢？”

宋祁脸红了，他又是惭愧，又是感激。宋祁诚恳地接受了欧阳修的建议。他们这种个人服从大局，及时改正错误的品质被后人所称颂。

寇准认错

躬自厚而薄责于人，则远怨矣。

——《论语》

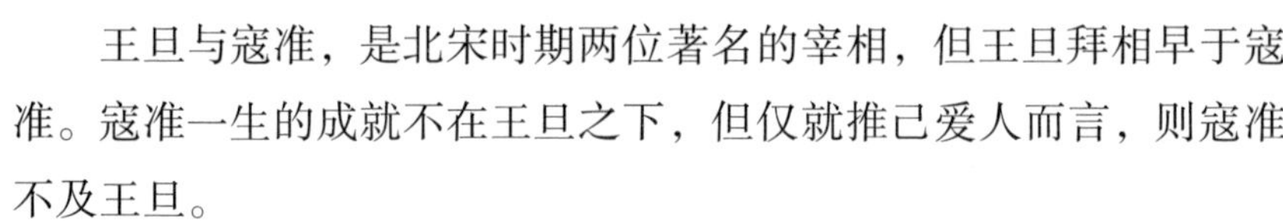

王旦与寇准，是北宋时期两位著名的宰相，但王旦拜相早于寇准。寇准一生的成就不在王旦之下，但仅就推己爱人而言，则寇准不及王旦。

王旦做宰相时，屡于人前言寇准之长，而寇准却常揭王旦之短。

有一次，王旦又在真宗皇帝面前夸赞寇准，真宗皇帝微笑着对王旦说："爱卿虽然经常在朕面前夸赞寇准，但寇准却总在朕面前说爱卿的坏话。"

王旦神情自若地说："这是理所当然的。臣在相位多年，必有许多过失。寇准对陛下毫不隐瞒臣的过失，不正说明寇准对陛下的忠诚吗？不也说明寇准是一位耿直的人吗？我所以尊重寇准，正在于此。"

真宗皇帝听了王旦的话，含笑不语，心中更加赞赏王旦的贤良。

王旦主持中书省，寇准主持枢密院。有一次，中书省有公文送枢密院，违背了真宗皇帝的旨意。寇准发现后立即报告了真宗皇帝，结果使王旦及中书省所有官员都受到了责罚。

真是巧得很，事情没过一个月，枢密院有公文送中书省，也同样违背了真宗皇帝的旨意。中书省官员抓住了寇准的把柄，想乘机报复。一位官员非常高兴地报告给王旦，劝王旦奏于真宗皇帝，给众官员出口气。但是，王旦却严厉地命令这位官员把公文送还枢密院，并让他当面指出公文的错误。

这位官员拿着公文到枢密院，把事情的前前后后都告诉了寇准。寇准羞愧难当，亲自送这位官员离开枢密院。

寇准回到府中，在室内踱来踱去，回想起一件件往事：自己与王旦同榜得中，两人互相勉励，朝中议事常常不谋而合！自己曾受小人谗言，受降职处分，王旦忿忿不平；被贬之后，王旦想方设法让真宗皇帝召回……但是，自己为什么常常在真宗皇帝面前说他的坏话呢？为什么多次顶撞他？为什么见到他的过错就抓住不放，与他为难呢……

他越想越后悔，越想越难过。想起战国时廉颇负荆请罪的事，寇准立即来到王旦府上，一见王旦，纳头便拜。

王旦大吃一惊，忙搀扶寇准。寇准不起，死死地跪在地上说："寇准请罪，寇准请罪！"

"这从哪里说起？人非圣贤，孰能无过。"王旦边说边拉住寇准的胳膊，把他搀扶起来，请他入座。

寇准感叹道："王大人我真佩服你有这么大的度量呀！"

不久，王旦得病，面容憔悴，真宗皇帝问他谁可继承相位。

王旦先是不肯开口，最后还是说："以臣之愚见，莫如寇准。其他人，臣所不知也。"

"寇准性情刚偏，有人奏于朕，说寇准过生日，筑大棚，设大宴，欲与朕相比。"

王旦忿忿不平地说："望陛下勿听小人进谗。寇准乃当今贤良之士，忠心耿耿。他的雄才大略，是社稷不可缺少的。寇准生辰，拜贺的人川流不息，不正说明他德高望重吗？说他想与陛下相比，纯属谗言。陛下任用寇准，江山可以安保！"

真宗听了王旦的话，微笑着点了点头。

寇准每天朝罢，都要到王旦床前问候。有一次，寇准眼含热泪说道："王大人，有何教我？"

王旦声音低微地说："眼看我就不行了。临别要说的话，就是要注意平等待人，既不要使人感念自己的恩惠，也不要让人惧怕自己的威严……"

寇准感动得热泪直流，久久不肯离开王旦的病榻。

王旦去世不久，真宗便尊重王旦遗言，任命寇准为宰相。寇准入朝拜谢说："谢主上圣恩，要不是陛下了解臣，怎么能任命臣再为宰相呢？"

真宗皇帝潸然泪下，把王旦举荐的话从头至尾说了一遍。寇准听了，泪流满面，深感内疚地说："臣对不起王旦，他的见识、品德是臣所不及的。"

退朝之后，寇准再次来到王旦府中，对着王旦亡灵拜了三拜，思念王旦的巨大悲痛压得他喘不过气来。他仰望着王旦的灵牌默默悼念着，很久很久不肯离去。

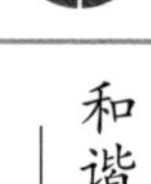

第三章 互敬互爱 宽以待人

孟光改错

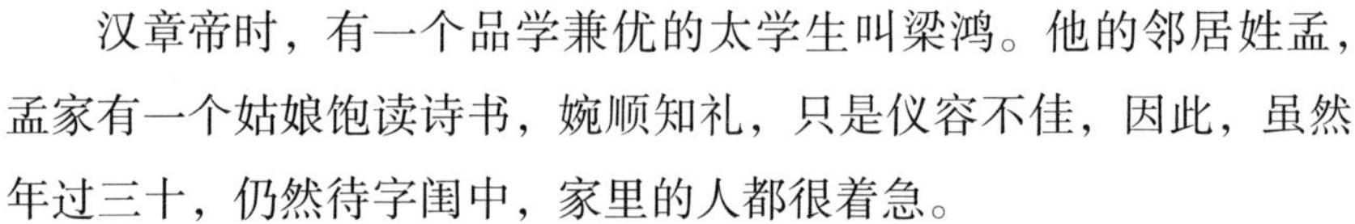

汉章帝时，有一个品学兼优的太学生叫梁鸿。他的邻居姓孟，孟家有一个姑娘饱读诗书，婉顺知礼，只是仪容不佳，因此，虽然年过三十，仍然待字闺中，家里的人都很着急。

一天，一个媒人来到孟家，刚进门便笑着对孟老先生说：“孟老，给你道喜啊！”孟老不解地问道；“喜从何来？”媒人道：“梁伯鸾（梁鸿字伯鸾）托敝人来向令爱求婚，这不是一桩喜事么？”孟老一听，吃了一惊，说道：“我早听说伯鸾曾拒绝了不少名门闺秀、富家千金的美满亲事，他怎么会看得上我那年龄老大、貌容不佳的女儿？你可别来愚弄老夫啊！”

“孟老！”媒人正色道，“你怎么这样不相信人呢？这是伯鸾亲自来求我作媒的。他还说，如能高攀，最好立即成婚，以免他人纠缠，惹人闲话！”

孟老闻言大喜，马上转身来到女儿房中，询问女儿之意。姑娘听说是梁鸿向她求亲，早就喜上眉梢，哪有不允之理。这门亲事当即定了下来。

定亲一月之后，孟梁两家选择了一个良辰吉日，举行了隆重的

婚礼。

成婚这一天，孟家姑娘担心新郎会嫌她貌丑，便在打扮上狠下了一番功夫：画眉扑粉，喷香抹脂，贴花戴翠……乍看起来，也还过得去。

谁知出乎她意料的是，梁鸿一见新娘这样打扮，顿时眉头紧锁，显出不悦之色。婚后一连七天，都不跨入新房一步，每晚均在书舍歇宿。

新娘非常纳闷，坐卧不安，又不好询问。后来，她实在忍受不住了，便含羞带惭地来到梁鸿面前跪下，边哭边说道："妾蒙郎君不弃，结为百年之好。既为夫妇，理当鸳鸯共效，比翼齐飞。谁知燕尔新婚，郎君即视妾为路人。不知妾何事触犯了郎君，恳求教诲！"

梁鸿见妻子下跪，心中老大不忍。他深深地叹了一口气，把妻子扶了起来，说道："我早听闻你贤德知礼，谁知竟徒具虚名。你瞧你这一身的浓妆艳抹，披红挂绿，这可是贤淑女子所为？真令我失望啊！……"

这时妻子才知道自己一直被冷落的缘由。她不待丈夫说完，便急忙道："啊！原是这样！你怎么不早提醒我呢？好！从今以后，妾永不饰花粉着华服，只淡妆简服，粗茶淡饭，誓与君偕！"说完，立即转身回到内房，洗去脂粉，换上粗衣。

梁鸿一见大喜，上前紧握妻子的手，仔细端详了一下，赞道："人都说你丑陋，你不丑啊！真是有如璞玉，光彩照人。我给你取一个名字，就叫孟光吧！你说好吗？"

孟光莞尔一笑，说："这个名字真好，妾真喜欢！"

从此以后，夫妻恩爱日胜一日。梁鸿处处怜爱妻子，孟光对丈夫更是体贴入微。

过了几年，梁鸿带着妻子从长安返回故乡扶风郡平陵县（今陕西咸阳西北），途经洛阳时，见京城中巍峨富丽的宫殿林立，贵族

豪绅花天酒地，挥金如土，而大街上又挤满从农村来的乞丐，这贫富对立的景象，使梁鸿和孟光感到非常愤懑。梁鸿因此作了一首《五噫歌》：陟彼北芒兮，噫！顾览帝京兮，噫！宫室崔巍兮，噫！民之劬（qú）劳兮，噫！辽辽未央兮，噫！

这首《五噫歌》不久在洛阳城中传开了，后来竟传到汉章帝耳中。汉章帝暴跳如雷，说梁鸿是有意挑动人民起来与朝廷作对，便下令通缉梁鸿。

梁鸿没有料到一首诗会引来大祸，急忙改名换姓，乔装打扮，逃离洛阳。

他们先在齐鲁（今山东、河北一带）一带隐居，后来又到吴地（今江苏一带）。夫妇二人在一个叫皋伯通的地主家做佣工。因为他们勤劳肯干，皋伯通便在他的庄园中找了一间小屋给他们居住。

有一次，皋伯通因事去梁鸿的小屋。当时正是中午开饭时间，只见孟光从灶边把做好的饭菜端端正正地放在一个托盘里，然后端着托盘走到丈夫面前跪下，把托盘高举到眉毛处，温和婉顺地说道：“请夫君用膳！”梁鸿则赶忙屈下身子把饭菜接过来，彬彬有礼地说：“辛苦了，请起，请起！”

皋伯通从未见过如此礼让恩爱的夫妻，大感诧异，特别是后来当他知道他们夫妇历来就是这样以礼相待，相互敬重时，更是佩服得不得了，激动地对他们说：“我没想到你们原是这样尚礼重义的君子，让你们住在这破旧的小屋里，真是受委屈了，明日就请你们搬到我家里去住，让我的家小仆役都来向你们学习。”

梁鸿和孟光搬到皋伯通家中以后，皋伯通像对待老师一样尊敬他们。

狄仁杰自愧

今日改今日的，明日改明日的，自然长久庶几寡过焉。

——赵青黎

娄师德是唐朝武则天时期的宰相。

一次，武则天单独召见娄师德，和他谈论政事。谈话中，武则天问娄师德有没有可以担任辅政大臣的人才。娄师德听后，未多考虑，便极力推荐狄仁杰。后来，武则天果然采纳了娄师德的意见，将狄仁杰从外地召回京城，和娄师德一起同任宰相。

狄仁杰任宰相后，并不知道正是由于娄师德的举荐自己才能任宰相。相反，他在心中倒是总记着过去和娄师德的一些不愉快的过节。而且，因不久前他曾遭受到一些抵毁，心里总怀疑是娄师德在里边起了作用。因此，狄仁杰常常当着武则天的面讲娄师德的不好，还多次排挤他。时间长了，便引起了武则天的注意。

一天，武则天在便殿和狄仁杰闲谈。闲谈中，武则天有意问狄仁杰："娄师德的品德好不好?"

狄仁杰话中带刺地说道："他带兵守边时，有过战功，至于他的品德好是不好，我不是很清楚。"

武则天接着又问："他能发现和举荐出色的人才吗?"

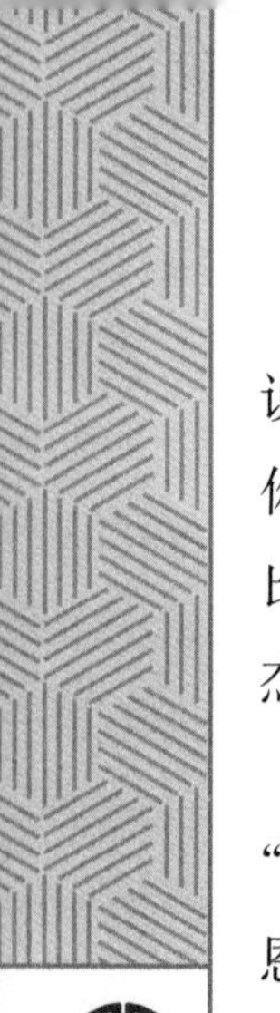

狄仁杰却说："我和他在一起时没有这方面的感受，也不曾听说过。"听到这，武则天哈哈大笑，对狄仁杰说："你还不知道吧，你能当上宰相，正是由于他的举荐呀！"接着又说："依我看，没有比娄师德做得更好的了。"随即命人找出了娄师德的荐表，让狄仁杰过目。

事情出乎狄仁杰的意料之外，他感到十分惭愧，感叹地说："娄师德的度量这么广阔，我被他宽容以待却还一点不知道人家的恩德，可见，我比他差远了！"

从此，狄仁杰主动接近娄师德，很快两人的关系密切起来，共同辅佐武则天管理国务。

不久，北方的契丹出兵犯境，攻陷了一些州郡，烧杀抢掠，百姓纷纷逃难。这时，狄仁杰和娄师德一同率兵出征，抵御敌兵。他俩互相配合，分路出击，杀退了契丹军，收复了失去的州郡，使边境居民重新过上了安居乐业的生活。

魏万追寻李白三千里

一长复一少，相看如弟兄。

——魏万

李白（701—762年），是唐代著名的大诗人，被人们称为"诗仙"。李白四十多岁时，被唐玄宗召进长安，任命为翰林学士。李白来到京城本想帮助皇帝治国安民，干一番事业。可是他在长安待了两年，对御用文人的生活感到厌倦，尝奉诏醉中起草诏书，又因宫中人谗谤，逐渐被唐玄宗疏远。李白不得不离开长安。有个年轻人叫魏万，十分仰慕李白的诗才，想要结识这位名满天下的诗人。李白出了长安，遍游祖国名山大川，写下了不少壮丽的诗篇。魏万踏着诗人游踪，马不停蹄，足足追了 3000 里，终于在广陵见到了李白。两人一见如故，谈得很投机。以后两人一同游赏自然风光，切磋诗歌艺术，成了一对知心朋友。魏万说："一长复一少，相看如弟兄。"李白说："相逢乐无限！"

大诗人李白见魏万诚挚忠厚、年轻有为，特别高兴，因此把自己的全部诗稿交给魏万，让他编成集子。后来魏万中了进士，他不负重托，编出了《李翰林集》，自己还饱含热情地为诗集写了一篇序。

魏万为《李翰林集》写的那篇序一直流传到今天，成了他俩互敬互爱的友谊见证。

贺知章金龟换美酒

人生乐在相知心。

——王安石

唐玄宗天宝元年（742 年），诗人李白到各地巡游之后，来到了京城长安。

一天，他去著名的道观紫极宫游览，碰见了著名的诗人贺知章（659—744 年）。贺知章自号“四明狂客”，任过皇家图书和出版机构的秘书监，此时担任“太子宾客”的官职。他虽然与李白素昧平生，但早就读过李白的诗，极为景慕。这次邂逅相逢，两人一见如故，亲切地攀谈起来。

李白仪表堂堂，很得贺知章的赏识。他向李白索读新作，当他读完《蜀道难》时，惊讶地对李白说：“听说天上的文星谪贬到人世间来了。看来这谪仙就是你呀！”

天色将晚，贺知章邀李白去饮酒，在酒店刚坐下，才想起没有带钱来，就毫不犹豫地把悬在腰间的金饰龟袋解下来，做为酒资。

李白阻拦说：“这是皇家按品级给你的饰品，怎好拿来换酒呢？”贺知章仰面大笑说：“这算什么呢！我记得你的诗句，‘人生得意须尽欢，莫使金樽空对月’。”

两人皆能豪饮，尽欢而别。后来，贺知章向唐玄宗推荐李白，唐玄宗也是久闻李白的大名，于是就任命李白为翰林学士。

韩愈与柳宗元互相支持

> 衣不如新，人不如故。
>
> ——《古艳歌》

韩愈和柳宗元同是唐代古文运动的领袖，他们之间有着十分深厚的友谊。

他俩同朝为官，韩愈为监察御史时，柳宗元做监察御史里行（御史的见习官）。他们经常在一起讨论政事，切磋诗文，尽管有时争论得面红耳赤，可丝毫不影响他们的友谊。当柳宗元因参加王叔文改革而被贬到永州做司马时，许多过去的朋友同他断了往来，但他和韩愈之间的书信却从没有间断。信中二人倾吐着相互思念的感情，还经常把自己的新作品寄给对方征求意见，对政治、人生等问题也经常交流看法。他俩互相支持。当韩愈因写作《毛颖传》而遭到一些人围攻、耻笑的时候，柳宗元义正辞严地反击那些嘲笑者说：“你们所喜爱的文章不过是一些模拟抄袭前人、形式华丽而内容空洞的东西罢了，哪里能识得真正的好文章！”当韩愈提出“文以明道”的文学主张，要求人们写文章要“言之有物”时，柳宗元不仅赞同这些主张，同时还写了许多论文，进一步充实了韩愈的理论。当韩愈提出了“不平则鸣”的口号，主张写文章要敢于揭露现实时，柳宗元便用自己的写作实践积极响应，写了大量“鸣不平”的文章。

柳宗元先于韩愈去世。逝世前，柳宗元给韩愈写了一封长信，托他关照自己的子女。韩愈接到信后，反复诵读，潸然泪下。为了缅怀老朋友生前的功绩，寄托自己的哀思，他赶写出了《柳子厚墓志铭》（柳宗元字子厚）。

柳宗元死后的第三年，柳州百姓为他修了罗池庙宇，并请韩愈为新建的庙宇写碑文。韩愈欣然接受，很快写出了《柳州罗池庙碑》，文中充分表达了对柳宗元的怀念之情。

欧阳修与王安石互敬互爱

讲友谊而不无原则地随和，明是非又不影响情谊。
——中国谚语

欧阳修和王安石都是北宋时期著名的文学家和政治家。

当初，王安石考中进士以后，在扬州任职，此时欧阳修已名满天下。

王安石的好朋友曾巩曾带着王安石的几篇文稿向欧阳修推荐。欧阳修看后，对王安石的文稿非常赏识。他把这些文稿收在编录佳作的汇编里，向社会推荐，又通过曾巩关照王安石，要他的思路再开放一些，不要生造词语，力戒模仿。

后来，欧阳修还写了首七律《赠王介甫》（王安石字介甫），说自己虽雄心尚在，但年纪已大，力不从心了，希望王安石刻苦努力，写出超过前人的文章来。随后，王安石也写了首《奉酬永叔见赠》的七律诗回赠，感谢欧阳修的关怀和礼遇，表示绝不辜负期望。

两人的友谊一直持续到晚年，并经受住了政见不一的严峻考验。王安石执政时推行新法，欧阳修不赞同，两人经常发生激烈的争论。但两人都很正直、不贪图名利、心胸宽广，私下仍是朋友关系。欧阳修去世后，王安石撰写祭文缅怀，表达自己的沉痛悼念

之情。

“讲友谊而不无原则地随和，明是非又不影响情谊”，这是多么难得呀！

苏黄互帮互助

> 唯宽可以容人，唯厚可以载物。
>
> ——薛瑄

北宋文学家黄庭坚（1045—1105 年）以诗文闻名于世，史学家拿他和苏轼并列，称为“苏黄”。这两位文学家之间确实也有着深厚的友谊。

一次，两个人坐在一起讨论书法。苏轼说：“鲁直（黄庭坚的字），你近来写的字虽愈来愈清劲，不过有的地方却显得太硬瘦了，几乎像树梢挂蛇啊。”说罢哈哈大笑。

“师兄的批评，一语中的，令人折服。不过，师兄写的字，愚弟认为还是有一些……”黄庭坚犹豫了，没有说下去。

“说吧，说吧，”苏轼道，“你干嘛吞吞吐吐的，怕我吃不消吗?”

“好，我就斗胆了。”黄庭坚咽口唾沫，说：“师兄的字，铁画银钩，道劲有力。然而有时也写得有些褊浅，就像是石头压的蛤蟆。”也许是“石头压蛤蟆”的形容有些滑稽吧，两人都笑得前仰后合了。

两位文豪常常互相学习，互相磨砺，互相批评，这如同春风化雨，使得二人的友谊之树更加枝繁叶茂了。

陆游诗激辛弃疾

> 天下快意之事莫若友，快友之事莫若谈。
>
> ——蒲松龄

陆游（1125—1210 年），南宋诗人，字务观，号放翁，山阴（今浙江绍兴）人。生当北宋灭亡之际，孝宗时赐进士出身，曾任镇江、隆兴通判。一生主张抗金，收复失地。晚年退居家乡，但收复中原的信念始终不渝。

辛弃疾（1140—1207 年），南宋词人，字幼安，号稼轩，历城（今山东济南）人。21 岁参加山东抗金义军，创立了名震中原的“飞虎军”。他历任湖北、江西、湖南、福建、浙东安抚使等职，坚决主张抗金复土，并与陆游有一段忘年的友爱之交。

1203 年，在南宋政府中专权的大官僚韩侂胄，想利用抗金来巩固自己的权位，便起用辛弃疾，任命他为浙东安抚使兼绍兴知府。于是辛弃疾以 64 岁的高龄，去绍兴上任。

当时，陆游已经年近八旬了，住在绍兴鉴湖旁。辛弃疾经常去拜访陆游，一道谈诗论词，一道议论国家大事。陆游从辛弃疾的杀敌誓愿中，感到心灵的慰藉；辛弃疾从陆游抗金不渝的信念中，受到鼓舞。两个人心心相印、肝胆相照，友谊愈来愈深。

翌年春，宋宁宗赵扩突然降旨要辛弃疾到京师临安（今浙江杭州）去，征询他对北伐的意见。辛弃疾把此事告诉了好朋友陆游。陆游觉得这是向朝廷提出北伐建议的好机会，心里非常高兴，鼓舞辛弃疾进京面圣要上书皇帝，坚持抗金复土的主张。陆游从家里送走辛弃疾后，激情涌动，情思澎湃，爱国主义感情冲击着他的心扉。他伏在书案旁，提笔给辛弃疾写了一首长诗，诗中说："大材小用古所叹，管仲萧何实流亚。"陆游认为辛弃疾是像古代大政治家管仲、萧何一样的人物，做浙东安抚使是大材小用；热切地鼓励他积极参战、恢复中原，不要因为受排挤不得志而介意。辛弃疾读了这首《送辛幼安殿撰造朝》（殿撰：宋代有集贤殿修撰等官，简称殿撰。造朝：赴朝廷），感慨万千，也非常激动，思想上受到了很大的鼓舞。

辛弃疾到了临安，向朝廷提出了许多积极的北伐建议，但并没有得到采用，只是被安排为镇江知府。虽然遭遇的是陆游所说的"大材小用"的处境，但辛弃疾心里还是牢记着陆游的殷切嘱托和热切鼓励，不因个人得失而介意，在镇江为准备北伐而苦心经营，他预先制成一万件红衲军装，打算招募新兵，严加训练，组成一支北伐劲旅。他还派人四处刺探金朝的兵骑数目、屯戍地点、库藏方位、将帅姓名等情况。

但韩侂胄却借故把辛弃疾撤职了。辛弃疾心灰意冷，回家闲居，后又被起用，但不久就身患重病，忧愤交加，再也没有见到陆游。不久，辛弃疾便病逝了。

当初，陆游用"大材小用"四字感叹辛弃疾不能一展抱负，十分有深意；人才浪费，是封建时代无法克服的困难。但他们遇挫之后，互相鼓励、互相关怀的品质，却成为我们现代人无穷无尽的精神财富。

朱熹与陆九渊“论敌”相亲

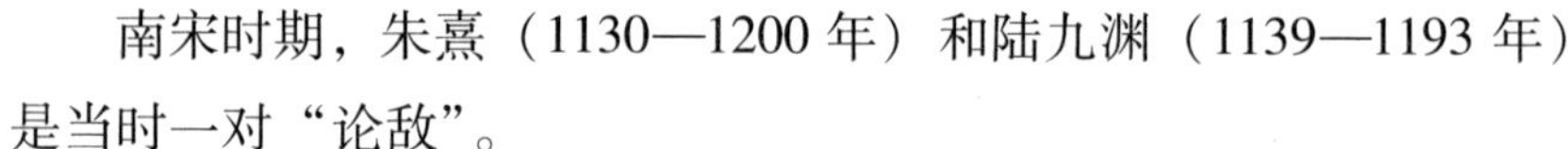

古者，自天子达于庶人，必须师友以成其德业。

——程颢

南宋时期，朱熹（1130—1200年）和陆九渊（1139—1193年）是当时一对“论敌”。

朱熹是婺源（今属江西）人，是继孔子以后在我国封建社会里影响最大的唯心主义哲学家之一。他的学问很渊博，著作很多。他的语录、文章和一些专著，被后人编辑为《朱子语类》《晦庵集》《朱子遗书》《四书集注》等。朱熹哲学思想体系中的基本范畴是“理”。他认为“理”是万物生成的本源，而“气”则是构成万物的材料。他说：“有理而后有气。”

陆九渊是抚州金溪（今属江西）人，也是南宋理学家。他提出“心即理也”的理论，认为“心是天地万物的本源”。他说：“宇宙便是吾心，吾心即是宇宙。”

朱熹和陆九渊这两位在当时颇有影响的学者，因学术观点常常发生争论，唇枪舌剑，据理争论，互不相让，各持己见，争论了十几年没有个结果。1175年，陆九渊和朱熹在信州（今江西上饶西北）鹅湖寺进行了一场大辩论，这就是我国哲学史上有名的“鹅湖之会”。朱熹把封建的伦理纲常说成是客观存在的天理，而陆九渊则把封建伦理纲常说成是人所固有的本心。最终无果而终。

在教育学生上，二人见解也不同。朱熹旗帜鲜明地提出自己的见解："要教育学生明白道理，必须多读书。"

陆九渊则提出："道理存在于人们的思维中，书读多了反而糊涂。"

朱熹不同意这种观点，拍案而起："学习不破万卷书，怎能有出息？"

陆九渊简直怒发冲冠了，他坚持说："书籍堆积如山，何年何月才能读完？"

在这场争论中，两人都声高颜厉，面红耳赤，争吵得不可开交。但是朱熹和陆九渊在哲学思想和治学思想上的无数次的争论，并没有妨碍他们之间的友情。两人反而在争论中加深了友谊，成了论敌相亲的好朋友，他们两人互拜为师，互相学习，互相帮助，取长补短，完全没有门户之见。

后来，朱熹在庐山脚下办起了"白鹿洞书院"，他不但亲自讲学，还热情邀请陆九渊前来为学生讲学。而"论敌"陆九渊欣然前去讲学。而朱熹对他的讲学非常赞赏，还将陆九渊的治学警句镌刻在石碑上，立于"白鹿洞书院"门口。

朱熹与陆九渊"论敌"相亲，千百年来被人们传为佳话。

魏源与龚自珍意气相投

> 欲取鸣琴弹，恨无知音赏。
>
> ——孟浩然

1794 年，魏源在湖南邵阳出生。魏源几乎亲眼目睹了清朝

"盛世"下滑的整个过程，对"衰世"有着铭心刻骨的体会。1826年，他受江苏布政使贺长龄之命编成《皇朝经世文编》120卷，成为了解那个时代的重要文献，不过那还是属于古代的范畴，是按照千年相续的传统思路编的。同年，他与龚自珍同时参加会试，双双落第，欣赏他俩才学的考官、礼部主事刘逢禄对此惋惜不已，黯然题诗《两生行》，"龚魏"齐名由此开始。这是龚自珍第五次参加会试落第，直到1844年，魏源才在补行殿试中进士，以知州分发到江苏，先后做过东台、兴化等地的知县。

1819年，魏源与龚自珍在北京初次见面，就意气相投。他们都主张"经世致用"，都赞同走革新之路。当然，龚自珍对现实要比魏源等人更敏感，对"衰世"的感受也更深。

1841年6月，林则徐被清廷发配新疆伊犁。在去新疆途中，魏源在京口（今江苏镇江）与林则徐见面，对榻倾谈，思想上产生很多震动。也就是这一次，林则徐将《四洲志》赠给魏源，嘱咐他编一部《海国图志》。不久，龚自珍应魏源来信邀请，到扬州相聚，得知老友正在编《海国图志》，大加赞赏，认为这才是真学问。自京都相识以来，他们切磋学问，议论时政，或见面，或书信往来，转眼已有20多个年头。龚自珍回到当时栖身的丹阳书院后不久，就在丹阳猝逝。

1842年12月，魏源终于在参考林则徐组织编译的《四洲志》、历代史志、明代以来的岛志及一百多种中外书籍的基础上，辑成《海国图志》50卷，记述了世界各国历史政制、风土人情，主张学习西方的科学技术。

在他们前赴后继、艰苦卓绝的努力下，中国人民开始认识世界，他们的友谊也流芳百世。

冯玉祥与孙中山的神交互勉

志合者，不以山海为远；道乖者，不以咫尺为近。

——葛洪

冯玉祥与孙中山生前虽未见过面，但彼此神交已久，情感深厚。冯玉祥对孙中山非常敬仰，是孙中山革命思想的信徒。他说："我景仰中山先生已20年，信使往还者已多年，但我一直没有得着见他面的机会。这正是我心中遗憾的一点。可是我从敬仰中对他所生的一种敬爱之情，决不因此而稍有不同。我总觉得自己在精神上和他长在一起，从他跟前我得到启示与鼓励，他使我走上革命的道路，明白了救国的要诀。"孙中山对冯玉祥也了解信任，曾派专人将他的手稿《建国大纲》送给冯玉祥斟酌。

早在武昌起义时，冯玉祥就举兵响应，而后一直追随孙中山的革命事业。1924年，冯玉祥发动北京政变，倒戈反直，囚禁曹锟，驱逐废帝溥仪出宫，这一革命行动与孙中山的帮助和支持是分不开的。当时，冯玉祥对曹锟的贿选等深感厌恶，托人带给孙中山对时局的五条意见，提出实行民主、改革政治和团结协商等具体主张。孙中山派代表告诉他，在当前形势下，首要任务是打倒反动的直系军阀，冯玉祥答应伺机而动。北京政变成功后，冯玉祥主持召开政治军事会议，将所部改称"国民军"，冯玉祥任总司令，并且电请

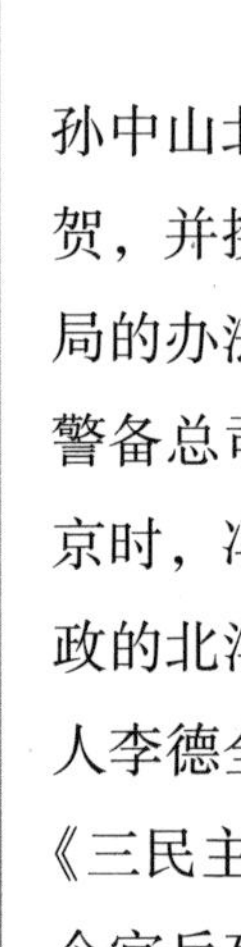

孙中山北上，“共筹统一建设方略”。孙中山致电冯玉祥，热烈祝贺，并接受邀请，提出废除不平等条约、召开国民会议作为解决时局的办法。冯玉祥派代表持亲笔信前往广东欢迎孙中山，嘱咐北京警备总司令：“孙先生到京后，一定要尽力保护。”孙先生扶病上北京时，冯玉祥迫于形势，又同段祺瑞妥协，组成以段祺瑞为临时执政的北洋政府。后来，冯玉祥得知孙中山的病情渐渐加重，即派夫人李德全带着他的亲笔信前往拜望，孙中山这时送给冯玉祥多本《三民主义》《建国大纲》《建国方略》。冯玉祥全数分发给各部队，令官兵列为正课，悉心研读。

孙中山病逝的噩耗传来，冯玉祥所部全体官兵无不震痛。冯玉祥写了悼词，对孙中山给予崇高的评价，并表示要为完成孙中山的革命事业贡献余生。

冯玉祥与孙中山这种神交互勉的友爱之情传为佳话。

孙中山和李大钊

> 君子淡以亲，小人甘以绝。
>
> ——《庄子·山木》

孙中山是中国旧民主主义革命的先驱，是中国国民党的创始人。李大钊是中国共产党早期的领袖之一。他们两个人有着深厚的革命友谊。

早在1919年，李大钊就结识了孙中山，并且与其有过接触。1922年8月，军阀陈炯明叛变，孙中山避居上海。李大钊在林伯渠的陪同下，专程从北京到上海和孙中山见面。孙中山与李大钊两人的手紧紧握在一起，两个人“畅谈不倦，几乎忘食”，非常投机。

孙中山特别钦佩和尊敬李大钊，总是欢迎李大钊到他家去。他说：“这是我的真正革命同志。”1924年1月，在广州召开了国民党第一次全国代表大会，孙中山确立了联俄、联共、扶助农工的三大政策和新三民主义。会前，孙中山指定李大钊为北京出席国民党一大的代表，并要他提前一个多月赶到广州，协助自己筹办大会的各项工作。会议期间，李大钊是大会五名主席团成员之一。孙中山很看重李大钊，有关大会的决策性问题，都要同他商量决定。

李大钊对孙中山非常敬重和拥戴。他认为孙中山是亚洲人向着自由与光明奋斗的领导者，是非凡的伟人。

1925年初，孙中山为了谋求南北统一，离开广州北上谈判，李大钊亲自到北京车站迎接。同年3月，孙中山不幸病故，李大钊非常悲痛，写了一副长达214字的挽联，表达他对孙中山的深切哀悼。

邓稼先与杨振宁至诚相待

交情老更亲。

——杜甫

在20世纪中叶的科学天幕上，有两颗令炎黄子孙引为自豪的

闪亮星斗。它们分别升起在太平洋东西两岸，光芒耀眼，交相辉映。

这是两位卓越的核物理学家。一位是美籍华人杨振宁教授。他与李政道教授共同提出的“宇称不守恒”理论，开辟了微观粒子研究的新天地，荣获1957年度诺贝尔物理学奖，从此奠定了他在国际学术界的地位，成为腾起的科学巨星。另一位是中国原子弹、氢弹事业的先驱邓稼先。他为在中华大地上点燃神奇之火殚精竭思，辛勤耕耘了几十年。只是由于他所从事的工作性质特殊，一直到他去世前不久的1986年，他的英名才开始被人们传诵。

至今鲜为人知的是，这两位同样对科学事业作出巨大贡献的科学家，曾相交相知50年。他们至诚相待，意气相投，他们真诚的友谊，谱出了现代科学史上的一段佳话……

杨振宁与邓稼先从小就读于崇德中学。他们的父亲同在清华大学任教，因此两家的来往很密切，二人从小彼此意气相投。

杨振宁比邓稼先大2岁，他天资聪颖、才思敏捷，是老师和同学都喜欢的“机灵鬼”。可是他从不恃才自傲，也从不欺负弱小。邓稼先也很聪明，性格较为沉稳，待人忠实厚道，真诚可靠。这两个人在一起，互相都很珍视对方身上的长处，并作为自己性格的补充。

抗战时期，他们同为西南联大物理系学生，共同在一起学习。他们一起躲警报的时候，共同阅读从图书馆借来的专业书籍，共同讨论物理学上的问题。西南联大的学习生活，对杨振宁和邓稼先一生都很重要。他们不但学到了丰富的物理学知识，而且在残酷的战争和艰苦的生活中锤炼了意志，这样的生活也加深了他们之间的友谊。这两个青年亲身体验到民族被蹂躏的痛苦，决心掌握先进的科学知识，将来为国家作出自己的贡献。

1945年抗战胜利后不久，杨振宁考入美国芝加哥大学物理系，

攻读博士学位。次年，邓稼先考取了留美研究生。1949 年暑假，邓稼先来到芝加哥，与杨振宁相聚在异国，他们同住在杨振宁、杨振平（杨振宁的弟弟）租来的一间房子里，一起游玩、散步、聊天，一同探讨学术上的问题。这是他们在美期间相聚时间最长、玩得最尽兴的一次。在杨振宁和邓稼先的家里，至今仍保存着他们当时的合照。

后来，杨振宁与在美留学的杜聿明先生的女儿杜致礼结婚，在美定居，从事理论物理的科学研究。邓稼先在 1950 年 8 月 20 日取得博士学位，冲破重重阻挠，于 8 月 29 日登上归国的路程。

在美留学期间，杨振宁和邓稼先都是用两年时间攻下了博士学位，他们掌握了当时世界最前沿的理论核物理科学，这为他们将来卓越的成就奠定了坚实的基础。

1958 年春天，一副历史的重担压在邓稼先的肩膀上，他被选作研制中国第一枚原子弹的“主攻手”。于是他在这个神秘而充满荆棘的领域里开始艰难的起步。

1964 年 10 月，神州升起第一朵蘑菇云，全国人民为之欢腾。杨振宁听到这一喜讯，激动不已，一直想回国看看。直到 1971 年他才实现这个愿望。邓稼先在得到周总理的批示后，将原子弹是中国人自力更生制造成功的消息告诉杨振宁时，杨振宁再也控制不住汹涌的激情，热泪滚滚而下。

20 世纪 70 年代，杨振宁更加关心祖国的科学事业，多次到中国讲学和访问，他给邓稼先带来交响乐唱片及一副设有电脑程序的国际象棋，要邓稼先注意休息和娱乐。

极度的紧张和繁忙，吞噬了邓稼先的健康。1985 年，邓稼先得了直肠癌，而且癌细胞已扩散……邓稼先住院期间，杨振宁两次前往医院探视，并将在美国买到的治疗新药请大使速送北京。1986 年 6 月，杨振宁又来看望邓稼先，并送上一大束鲜花。邓稼先吃力地

对妻子说："振宁知道我不行了，所以送来特大的一束鲜花……"

1986 年 7 月 29 日，一颗科学巨星陨落了。1987 年 10 月，杨振宁来到中国，前往八宝山革命公墓祭奠邓稼先。他徐徐步行到墓地，献上一瓣心香，洒泪痛悼故友，悲不自胜。他想起了邓稼先与他的半个世纪的友情。他曾写信慰问邓稼先的夫人："希望你在此沉痛的日子里多从长远的历史角度去看稼先和你的一生。只有真正永恒的才是有价值的。"杨振宁听人说，邓稼先被委以重任时就说过："为了完成这项任务，死了也值得。"邓稼先在去世前几天，又欣慰地自语："我死也瞑目了！"于是，杨振宁默默地说："稼先，你功垂千古，可以无愧地长眠了！

杨振宁和邓稼先的友谊经受了时间和历史的考验。

宋振庭与傅抱石一见如故

相逢方一笑，相送还成泣。

——王维

1921 年，宋振庭生于吉林省延吉市，16 岁时便走上革命道路。他是在革命烈火中锻炼成长的中国共产党员。解放后，他一直担任文教宣传方面的领导工作。同时，他又是著名的杂文作家、戏剧家协会会员、新闻协会理事。他善于吟诗作画，出过画集，开过画展。他还懂得医道，能把脉开方子。

宋振庭愿意广交朋友，他结交的人非常广泛。他有很多艺术界的朋友，与他们相交很深。他与大画家傅抱石的关系更为特殊，颇有传奇色彩。

1959 年傅抱石和关山月为人民大会堂创作了《江山如此多娇》的巨幅国画以后，于 1961 年夏进行了一次愉快的东北写生之行。宋振庭在北京曾看过这幅气势磅礴的杰作，对两位作者十分欣赏。他们二人到长春后，宋振庭与吉林的美术界人士接待了这二位大师。

傅抱石的脾气很倔傲，对一般领导干部是并不在意的。画家们在一起，三句话不离本行，聊起画来，宋振庭有时也插上几句。傅抱石听了宋振庭的话很觉意外，开始注意宋振庭了。后来，他们聊起了笔墨源流、题画诗词等。两人初次交谈就十分合拍，都很愉快。

第二天晚上他们再见面时，傅抱石就开玩笑地对宋振庭说："宋部长，你今天请我喝酒好不好？"宋振庭赶忙招待傅抱石，两人对饮交谈起来。他们天南地北、海阔天空，像故友重逢那样投机和贴心，都觉相见恨晚。后来，傅抱石要宋振庭对他的画提提意见，宋振庭也就直率地指出了他画作中的缺点和不足之处。傅抱石听了以后，站起身来整整衣衫，对宋振庭行了个鞠躬礼，说道："你是我的老师！真是与君一席话，胜读十年书。"他的举动搞得宋振庭很不好意思，因为谁都知道傅抱石这个人是很倔傲的，他自称"江西犟人"。事后，傅抱石对关山月说："想不到宋振庭竟这样懂艺术。"

后来接连几天，宋振庭与傅抱石促膝长谈，越谈越深。傅抱石谈到自己小时候的贫困生活、刻苦学画的经历，后来怎样得到徐悲鸿的赏识，留学日本，还介绍了自己的家庭情况。宋振庭也说起自己 16 岁奔赴延安投身革命洪流，又如何读书、求知，遭遇很多挫折的经历。傅抱石不轻易给人画画，可这一次他给宋振庭一连画了

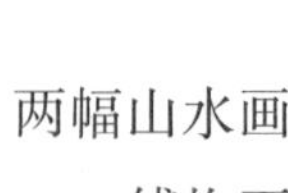

两幅山水画。

傅抱石来东北时，带了四张扇面画，画的是《离骚》《九歌》等中的人物，背面还题了诗，都是精品。在北京，郭沫若等人已经要了两张。一路上，关山月都在打这些画的主意，傅抱石就是不肯给。这次到长春，傅抱石竟把两张扇面画都送给了宋振庭。在回去的路上，傅抱石还多次和别人谈起宋振庭，说这次在东北，他结交了一个难得的新朋友宋振庭。回到南京，傅抱石对夫人罗时慧说："人活一辈子有些事很奇怪，这次在东北认识了宋振庭。我们虽是初交，但却一见如故，两心相印，三生有幸，四体不安，五内如焚，六欲皆空，七情难泯，八拜之交，九死不悔，十分向往。"他一口气说了十字真言。

后来，当宋振庭去看望傅抱石的夫人罗时慧时，她还说："你们两人感情深到这个程度，对抱石来说是少有的。"的确如此，宋振庭和傅抱石单独交谈的时间，前后加起来不超过 30 小时，两人竟能达到如此深交的地步，不能不让人赞叹这种友谊的传奇色彩。

第四章 重情重义 同心同德

俞伯牙摔琴酬知己

钟子期死，伯牙终身不复鼓琴。

——《汉书》

春秋战国时，有个楚国人姓俞名瑞，字伯牙，在晋国做官，很善于弹琴。《劝学》中有：“伯牙鼓琴，而六马仰秣。”

有一年，他到楚国去办事，顺便回家探望多年未见的亲友。

这天，伯牙坐的船开到汉阳江口，因遇大雨无法继续前进，停泊在一座山脚下。过不多时，雨停了，江面上风平浪静，天空出现一轮明月。面对如此优美的景色，伯牙兴致大发，对书童说：“点一柱香，把琴拿来，我要弹琴。”伯牙接过琴，调好弦，专心地弹了起来，弹了好一阵。他猛一抬头，发现岸上的岩石下面，有个人影一动不动地站着。伯牙吃了一惊，“啪”地一声，一根琴弦断了。伯牙很疑惑，叫书童去问船夫：“这儿是什么地方?”船夫答道：“刚才躲避风雨，停泊在山脚下，这里没有人家。”伯牙更加疑惑，心想：“如果这里是集镇或大村庄，还说不定会有人听得懂我的琴，而在这荒郊野外，怎么会有听琴的人呢？或许是强盗要拦路抢劫吧!”想到这里，他心里慌乱起来，不禁颤声喊道：“捉贼啊！岸上有贼!”船上的人都被惊动了，涌出船舱，准备上岸去。

这时，只听岸上的人用平静的口气向伯牙喊道：“船上的先生，请不要疑心，我不是贼，是樵夫。今天打柴回来晚了，遇到暴风雨，就在这岩石下避雨，正听到船上有人弹琴，因为琴弹得太好了，所以我就一直站在这里听着。”伯牙听了这话，总算镇静下来，但接着却又说：“我在朝廷中做官多年，找不出一个真正能听懂我弹琴的人。你一个乡野樵夫，能听懂我的琴音吗?”岸上的人哈哈大笑，说道：“先生，你错了。常言道：‘门内有君子，门外君子至。’你以为荒山中一定没有能听懂琴的人吗？那么请问，在这深更半夜里，为什么荒山脚下却有弹琴的人?”伯牙被问住了，他沉默了一下，便走近窗口，提高声音说：“你既然是听琴的，那么你说说看，我刚才弹的是什么曲子?”那人笑答：“你刚才弹的是孔夫子赞叹颜回的那首曲子，歌词是‘可惜颜回命早亡，教人思想鬓如霜，只因陋巷箪瓢乐’。你弹到这里，琴弦断了，没再弹下去，我记得第四句是‘留得贤名万古扬’。”伯牙听罢大喜，忙把那人请上船来，只见他头戴斗笠，身披蓑衣，脚穿草鞋，背着一捆柴，腰间别着一把斧子，地道的樵夫打扮。

伯牙请那人在自己对面坐下，又叫书童端上茶来。他想：“这个樵夫到底懂多少音乐呢？我来试试他。”于是他问：“从前孔夫子在房间里弹琴，颜回听到琴声中低音幽沉，就问孔夫子是否有什么不高兴的事。孔夫子说：‘我弹琴时，看见一只猫在捉老鼠，我希望它能捉到，又担心到嘴的食物跑掉，这为猫担心的心情不知不觉地在琴声中流露出来了。’这个故事说明，同一支曲子，弹奏时的心情不同，效果也会不同。如果我弹琴的时候，心里也在想什么，你能听出来吗?”樵夫说：“你先弹一曲，我试着听听，若猜得不对，请不要见怪。”伯牙调好琴弦，想起高山的雄伟姿态，开始弹奏起来。樵夫凝神听着，脸上表现出愉快的表情，仿佛整个身心都沉浸在庄严优美的旋律中。一曲完了，樵夫轻轻拍着桌子，赞叹地说：“气势多么磅礴啊，好像雄伟的泰山一样。”伯牙听了不动声色，他沉思片刻，想

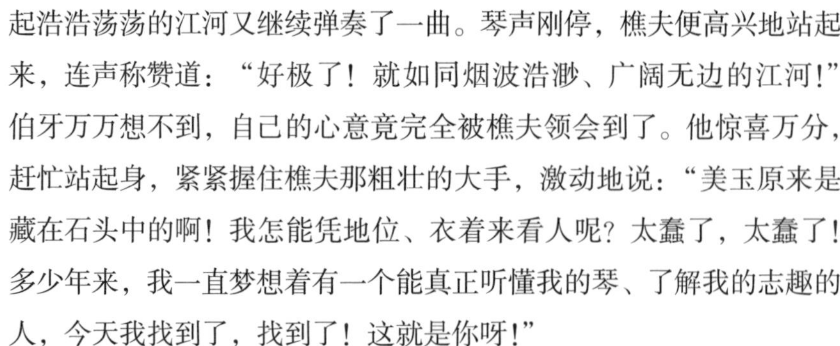

起浩浩荡荡的江河又继续弹奏了一曲。琴声刚停，樵夫便高兴地站起来，连声称赞道：“好极了！就如同烟波浩渺、广阔无边的江河！”伯牙万万想不到，自己的心意竟完全被樵夫领会到了。他惊喜万分，赶忙站起身，紧紧握住樵夫那粗壮的大手，激动地说：“美玉原来是藏在石头中的啊！我怎能凭地位、衣着来看人呢？太蠢了，太蠢了！多少年来，我一直梦想着有一个能真正听懂我的琴、了解我的志趣的人，今天我找到了，找到了！这就是你呀！”

这樵夫姓钟名子期。从此，伯牙和子期成了知心朋友。

后来，伯牙又一次来访子期，却听到子期不久前病故的噩耗。伯牙悲恸至极，在子期的坟前将琴弦割断、琴摔碎，说是子期死后，再无知音之人了，他也不再弹琴了。

伯牙、子期的相知，被传为千古佳话，后人慨叹道：“昔伯牙绝弦于钟期……痛知心之难遇！”

管鲍之交

> 贫游不可忘，久交念敦敬。
>
> ——鲍照

管仲和鲍叔牙都是生活在春秋时期的齐国人，也都是当时齐国著名的政治家。他俩年轻时就成了好朋友，后来他们一起经历了许多风风雨雨。

管鲍分金

管仲20来岁时就结识了鲍叔牙，起初二人合伙做买卖，因为管仲家境贫寒就出资少一些，鲍叔牙出资多一些。买卖做得还不错，到年底分红时，管仲每次都要多拿。

这可把鲍叔牙手下的人气坏了。有个人对鲍叔牙说："管仲出资少，平时开销又大，年底还要多分红，他真是个十分贪财的人。"鲍叔牙斥责他手下道："你们满脑子装的都是钱，就没发现管仲的家里十分困难吗？他比我更需要钱，我和他合伙做生意就是想要帮帮他，我情愿这样做，此事你们以后不要再提了。"

一起从军

后来俩人又一起参军。有一次，齐国和邻国开战，双方军队展开了一场大撕杀，冲锋的时侯管仲总是躲在最后，跑得很慢，而退兵的时候，管仲却跟飞一样的奔跑。当兵的都耻笑他，说他贪生怕死。

鲍叔牙替管仲辩护道："管仲的为人我最了解不过了，他家有年迈的老母亲无人照顾，他不能不忍辱含羞地活着，以尽孝道。"管仲听了鲍叔牙的这番话，感动得流下了热泪，他哭着说："生我的是父母，而了解我管仲的，唯有鲍叔牙啊！"

各为其主

后来，齐襄公的弟弟公子纠发现管仲是个人才，便要他当自已的谋士。而鲍叔牙被齐襄公的另一个弟弟公子小白看中，拜其为军师。两个好朋友各自辅佐一个公子，干得很卖力。可是好景不长，昏庸的齐襄公统治混乱，公子纠带着管仲等跑到了鲁国，公子小白带着鲍叔牙等跑到了莒国。

公元前686年的冬天，暴虐的齐襄公被手下杀死，公孙无知自立为齐国国君。然而公孙无知当了国君没几个月，就被手下大臣给杀掉了，齐国陷入一片混乱。

流亡在莒国的公子小白和寄居在鲁国的公子纠得到消息后，都觉得自己继承王位的机会来了，急忙打点行装，要回国争夺王位。

阵前对垒

管仲作为公子纠的军师及时提醒公子纠："公子小白所在的莒国离齐国很近，如果他先我们一步回到齐国，我们就没戏了。我看还是我先带一队人马去拦截公子小白，让鲁国派大将曹沫带另一队人马护送您回国。"公子纠笑答："好主意！"

当管仲带人马赶到莒国和齐国的交界处时，正碰上鲍叔牙带领一队莒国人马护送公子小白飞驰而来。管仲等公子小白的车驾走近，便搭弓取箭，朝着车上的公子小白用力射去。公子小白大叫一声，栽倒在车上。管仲见大功告成，便带着人马飞逃而去。

没想到管仲这一箭恰好射在公子小白的带钩上，一点儿没伤到人，但公子小白知道管仲的箭法利害，要是他再补上一箭自己就没命了，于是才大叫一声装死倒在车里。见管仲跑了，公子小白才长长地出了一口气，鲍叔牙见公子小白平安无事，大喜，立刻命部队抄小路向齐都疾驰。

顽抗到底

管仲自以为射死了公子小白，就不慌不忙地护送公子纠向齐国进发。结果到齐鲁边界的时候，一个齐国的使者拦住了他们的车马。使者说："我奉齐国国君公子小白之命，前来通知鲁国，请你们不必送公子纠回国了。"

管仲一听，才知道自己没把事情办好，上了公子小白和鲍叔牙的当。鲁庄公得知齐国已有新君后气急败坏，当即派兵进攻齐国，企图以武力干涉来夺取君位。于是，齐、鲁两国就此开战。鲁国本来就是个小国，兵马少，又是到齐国门口来打仗，哪有不败的道理。幸亏大将曹沫很勇敢，保护公子纠和管仲逃回了鲁国。

公子小白在鲍叔牙的帮助下登上了齐国国君的宝座，他就是齐桓公，后来成为春秋时期五位霸主之首。齐桓公上台后的第一件事就是要清除后患，把他的兄弟公子纠干掉！于是他命令鲍叔牙领兵30万去攻打鲁国。那时齐国很强大，小小的鲁国为了公子纠被迫应战，结果连连败北。鲁国国君见顶不住了，就派人和齐国讲和。鲍叔牙提出了两个条件，一是要鲁国把公子纠杀了，二是把管仲交给齐国，不然的话绝不退兵。鲁国国君没有别的办法，只好照办。把公子纠的人头和管仲一起交给了齐国。

举贤重德

鲍叔牙帮公子小白登上王位又帮他杀了公子纠，齐桓公感念他的忠心和所立的大功，要任命他为国相。

没想到鲍叔牙死活不肯接受。他说：“以前我帮君王做了些事情，那全是凭我对您的忠心而竭尽全力的，现在您要把国相这么重要的职务交给我，这绝不仅仅是凭我的忠心就可以做好的。您该找个比我更有才能的人才行啊！”

齐桓公说：“在我手下的大臣中，还没发现比你更出众的人才呢！”

鲍叔牙说：“我举荐一个人，保证能帮您成就一番霸业！”

齐桓公急忙问他：“这个人是谁呢？”

鲍叔牙笑着说：“此人就是我的老友——管仲，我把他从鲁国要回来，就是要他帮您的！”

齐桓公一听就火了，他拍案而起，说：“他拿箭射杀过我，这一箭之仇我还没报呢，你反而让我重用他？我不把他杀了就不错了！”

鲍叔牙恳切地说：“管仲不顾一切地为公子纠卖命，用箭来射

杀您，这不正说明他是一个非常忠义的人吗？忠义是起码的做人准则，他当时那样做没什么不对。现在您要治国，若论才华，他远远超过我鲍叔牙啊！您要成就霸业，就必须得到管仲的辅佐。您现在不计前嫌地重用他，他唯一的出路就是死心踏地地为您卖命啊！”

齐桓公是个很有肚量的人，为了齐国的利益，他还是听了鲍叔牙的劝说，拜管仲为国相。

成就霸业

管仲很感激好友鲍叔牙，更是被齐桓公的大度和睿智所折服，决心竭尽全力报效齐桓公。他积极改革内政，发展经济，重新给农民划分土地，由于他从小经商，也很重视和其他国家通商和发展手工业。他还对国家常设的军队实行严格的训练和管理，使之成为战斗力很强的一支军队。由于管仲的改革，齐国在几年内就兴盛起来，获得了“九合诸侯，一匡天下”的地位，成就了齐桓公的霸业。

有趣的是，有一次齐桓公和管仲探讨下任国相的问题。齐桓公问：“假如你死了，谁接任你的国相为好呢？”管仲说出了一个人名。齐桓公又问：“那么第二人选呢？”管仲又说了一个人名。齐桓公又问：“那么第三人选呢？”管仲就又说出了一个人名。齐桓公很不高兴地再次问：“那么第四人选呢？”管仲说：“那就是鲍叔牙了！”齐桓公说：“我真的觉得很奇怪，鲍叔牙对你那么好，听说以前你们一起做生意，他也老让着你。你曾辅佐公子纠，还射过我一箭，要不是鲍叔牙说情，我早就把你杀了。后来鲍叔牙又在我面前积极推荐你为国相。怎么现在请你推荐下任国相的人选时，你竟然把鲍叔牙放在第四人选的位置上呢？你对得起鲍叔牙吗？”管仲说：“我们现在是在谈论谁最适合做下任国相的问题，您并没有问谁是我最感激、最要好的朋友呀！我们的私交很好，但国家利益高于一切！”

季札挂剑

益者三友，损者三友。友直，友谅，友多闻，益矣。友便辟，友善柔，友便佞，损矣。

——《论语·季氏》

春秋时期，吴国的季札多才多艺，在文学、音乐、剑技方面都有较高的造诣。因此，他常常作为吴国的专使去别国进行友好活动。

一次，他到了徐国。徐君久慕季札的为人，亲自接待了他。季札发现徐君也懂文学、音乐、剑技，两人志趣相投，一见如故，成了好朋友。徐君看见季札的宝剑锋利，对其赞不绝口，饮酒期间，频频向季札腰间的宝剑投来羡慕的目光。但碍于礼节，徐君没开口要。季札当然明白徐君的心思，但他还得到别国去，一时也离不开宝剑，便想："等我回来时再送给他吧。"

季札离开徐国后，先后又去了几个国家，完成了出使任务。当他回吴途中再路过徐国时，徐君已在不久前去世了。季札来到徐君的坟墓，痛哭呼喊："徐君，徐君，季札看你来了。"哭完，他解下佩剑挂在墓边的大树上，说："你喜欢的这把剑，我已送来了。"

随从不解地问："徐君已死，这剑……"

"就挂在这儿吧。"季札沉痛地说，"当初徐君爱这把剑，我因

没完成使命，所以当时没赠送，但我心里早已应允了，不能因为朋友已死，就背离原来已经许诺了的事情。”说完，他便跳上马，心情沉重地离开了朋友的墓地。

乐毅报燕王知遇之恩

宁和直人动刀，不和刁人相交。

——中国谚语

乐毅，中山灵寿（今河北平山东北）人，战国后期杰出的军事家，辅佐燕昭王振兴燕国，报了强齐伐燕之仇。

乐毅的先祖乐羊为魏文侯（魏斯，魏国开国君主）手下的将领，曾率兵大败中山，因功被封在灵寿。乐羊死后，葬于灵寿，从此乐氏子孙便世代定居在这里。中山复国后，又被赵武灵王所灭，乐毅也就成了赵国人。

乐毅少年聪颖，喜好兵法，深得赵人推崇，后因避沙丘之乱来到魏国都城大梁（今河南开封西北）当了大夫。

此时，燕昭王因为子之之乱而被齐国打得大败，时刻不忘雪耻。但燕国弱小又地处僻远，燕昭王自忖力量不足以克敌致胜，于是便屈己礼贤，延聘贤能之士相佐。他首先礼待郭隗，借此招揽天下英才。乐毅适于此时替魏出使到燕国，燕昭王用客礼厚待乐毅。乐毅谦辞退让，最后终于被燕昭王的诚意打动，答应委身为臣，燕昭王封乐毅为亚卿（仅次于上卿的高官）。

当时齐国非常强大，齐湣王率齐军南败楚相唐眛于重丘（今河南泌阳东北），西摧三晋的势力于观津（今河南清丰南），接着与三晋攻秦，助赵国灭中山，又打败宋国。齐国扩地千余里，诸侯各国在强大的齐国面前都表示臣服，齐湣王因此而骄矜自满。由于齐湣王的骄横自恣，加上对内欺民而失其信，对外结怨于诸侯，齐国政治局势不稳，形势恶化。

燕昭王认为时机成熟，欲兴兵伐齐，遂问计于乐毅。乐毅回答说："齐国系霸主之余业，地广人多，根基较深，且熟习兵法，善于攻战。对于这样一个大国，虽有内患，仅由我们一国去攻打它，恐怕很难取胜。如果大王一定要去攻伐齐国，必须联合楚、魏、赵、韩诸国，使齐国陷于孤立的被动地位，方可制胜。"这就是所谓"举天下而攻之"的伐齐方略。

燕昭王接受了乐毅的建议，便派乐毅去赵国同赵惠文王盟约攻齐，并请赵国以伐齐之利诱说秦国，使其予以援助；又派剧辛为使，分别到楚国和魏国进行联络。当时各国都因无法忍受齐湣王的骄暴，听说联兵伐齐，均表赞同。

乐毅返燕后，燕昭王在公元前 284 年派乐毅为上将军，同时赵惠文王也把相印交予乐毅，乐毅率赵、楚、韩、魏、燕五国之军兴师伐齐。齐湣王闻报，亲率齐军主力迎于济水（今山东省聊城、茌平、高唐一带）之西。两军相遇，乐毅亲临前敌，率五国联军向齐军发起猛攻。齐湣王大败，率残军逃回齐国都城临淄。在这之后，其他几国的军队相继撤回去了，只剩下乐毅带领的燕军继续战斗。

乐毅率燕军乘胜追击齐军至临淄。齐湣王见都城临淄孤城难守，遂率少数臣僚逃往莒城（今山东莒县）固守。乐毅用连续进攻、分路出击的战法，陷城夺地，攻入临淄后，尽收齐国珍宝、财物、祭器并运回燕国。燕昭王大为欣喜，亲自到济水前来犒赏、宴

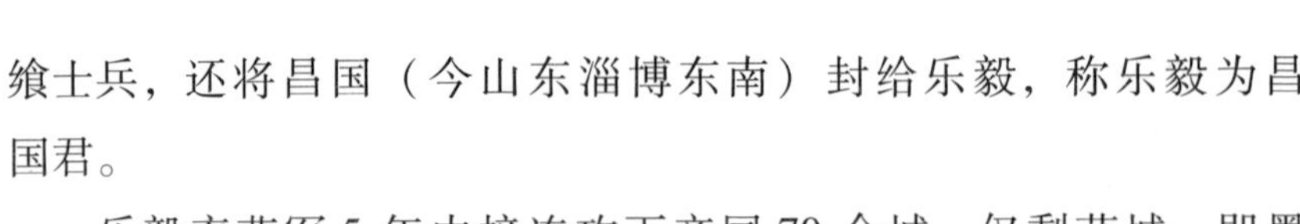

飨士兵，还将昌国（今山东淄博东南）封给乐毅，称乐毅为昌国君。

乐毅率燕军5年内接连攻下齐国70余城，仅剩莒城、即墨（今山东平度东南）没攻下。攻下的城池全部并入燕国的版图，燕国的强盛前所未有。

乐毅认为单靠武力，破其城而不能服其心，民心不服，就是全部占领了齐国，也无法稳固。所以他对莒城、即墨采取了围而不攻的方针，对已攻占的地区实行减赋税、废苛政、尊重当地风俗习惯、优待地方名流等收服人心的政策，欲从根本上瓦解齐国。

公元前279年，燕昭王死，燕惠王即位。燕惠王做太子时，就与乐毅有隙，所以他即位以后，对乐毅用而不信。齐国大将田单探知此种情况，乘机进行反间，派人到燕国散布说：“除莒城和即墨两处之外，齐国大片土地全在燕国军队手里。乐毅能在短时间内攻下齐国70余城，难道还打不下莒城与即墨吗？其实他是想用恩德收服齐人之心，为他叛燕自立做准备。”燕惠王本来就猜疑乐毅，听了这些话信以为真，于是令骑劫为大将，去齐接替乐毅。乐毅深知燕惠王收回他的兵权，意味着他听信了谣言，欲加罪于自己。他认为“善作者不必善成，善始者不必善终”，决定拒绝回燕而西行去了赵国。赵惠文王见乐毅归赵，隆重地接待了他，并封他为官。赵王这样尊宠乐毅，是藉以警惕燕、齐，使他们不敢轻举妄动。

骑劫寡思少谋而又骄狂自大。乐毅奔赵后，骑劫来到齐国，一反乐毅原来的战略部署和争取齐人的正确政策，而施之以残暴，这激起了齐国军民的强烈反抗。田单设计诳骗燕军，在即墨用火牛阵大破燕军，杀死骑劫，转而追歼燕军到黄河边上，收复齐国所失之城邑，将燕军逐出齐境，从莒迎齐襄王（湣王死，襄王立于莒）归临淄。

燕惠王后悔派骑劫代替乐毅，以致军队被打败，将军被杀死，曾经占领的齐国土地又丢失了，但又怨恨乐毅奔赵，害怕赵用乐毅乘燕吃了败仗的时候进攻燕国。于是燕惠王派人责难乐毅，又向他道歉说：“先王曾以举国之兵托付将军，将军为燕大败齐军，为先王报了仇，天下人为之震动，我也时刻记着你的功绩。可是刚逢先王去世，我又初立，听信于左右谗言而误国。我之所以派骑劫代替将军，为的是将军经年累月的暴露于荒郊野外，怕你太辛苦，所以请你回来调息，并想同你共议国事。将军却误听传言，和我产生怨隙，弃燕奔赵。将军为自己打算，这样做是合宜的，可你如何报先王的知遇之恩呢?”于是乐毅写下了著名的《报燕惠王书》。书中针对燕惠王的无理指责和虚伪粉饰，表明自己对先王的一片忠心，与先王之间的相知相惜，驳斥燕惠王对自己的种种责难、误解，抒发功败垂成的愤慨，并以伍子胥“善作者不必善成，善始者不必善终”的历史教训申明自己不为昏主效愚忠，故而出走的抗争精神。这才打消了燕惠王对乐毅的某些偏见，便封乐毅之子乐间为昌国君。

左伯桃舍身酬知己

知己肝胆相照。

——文天祥

春秋战国时期，有一年冬天，寒风呼啸，大雪纷飞。在走兽绝迹、飞鸟潜踪、人烟稀少的千里荒原上，有两个互相搀扶的人，正

跌跌撞撞、艰难地走着。这两个人是一对挚友，他们便是羊角哀和左伯桃。

当时，各国诸侯为了争夺土地，扩大势力范围，连年发动战争，使人民生活在水深火热之中。这两人对人民深为同情，决心施展自己的才干，拯救国家和人民。他们听说楚庄王是个贤明的国君，就相约前去投奔，谁知却困在这个风雪茫茫、渺无人迹的千里荒原上。

风狂雪猛，寒冷、饥饿、长途跋涉使身体本来就瘦弱的左伯桃病倒了。此时，羊角哀对左伯桃说："我扶你走吧，你放心，我绝不会丢下你不管的。"羊角哀搀扶起左伯桃艰难地走着……

两天过去，羊角哀精疲力竭了。他好不容易才把左伯桃扶到一棵大空心树旁，暂避风雪。"角哀，荒原千里，风雪无边，这样下去我们俩都会因冻饿而死，不如救活一个。我看你一个人快走吧，我实在是不行了，别再连累你。"左伯桃喘着气说，他连站立起来的力气也没有了。羊角哀一听，急了："你怎么说这种话！伯桃，你放心，我背也要把你背到楚国去！"说着，羊角哀俯下身子就要去背左伯桃。但他也没有力气把左伯桃背起来了。这时，左伯桃把手搭在羊角哀的双肩上，说："你的心意我领了。角哀，救国救民是我们两个人共同的理想，不论这个理想是咱们两个人共同实现的，还是一个人去实现的，都算达到目的了。你说是不是呢?"羊角哀点点头，说："当然，当然！要不，你就带上咱们剩下的这点干粮投奔楚国去吧。"左伯桃连连摇头，用微弱的声音说："角哀，以我现在的身体状况，肯定到不了楚国就会死在半路上。你的身体比我好，本领比我强，有希望走出这片荒原，应该你去楚国！我们救国救民理想的实现就拜托你了！"

两人真诚相让。最后，左伯桃还是说服了羊角哀。

羊角哀抱着左伯桃放声痛哭。左伯桃催他赶快上路。羊角哀要把所有的干粮留给左伯桃，左伯桃决意不要……羊角哀只好怀着极为沉痛的心情诀别了他的朋友，独自上路了。

羊角哀赶到楚国后，受到楚庄王的重用。他连忙带人回到荒原，发现左伯桃已冻死在空心树里。他埋葬了好友的尸体，痛哭而别。

荆轲与高渐离士为知己者死

士为知己者死。

——《战国策》

荆轲在游历各国时就结交了不少豪杰。

荆轲在燕国与高渐离一见如故。二人都好饮酒，天天在燕市上饮酒，喝到似醉非醉的时候，高渐离击筑，荆轲唱，两人时而大笑，时而大哭，旁若无人。后来荆轲又认识了田光。田光感觉荆轲不是庸人。当太子丹密谋刺秦的时候，田光举荐了荆轲。

田光去请荆轲前，太子丹说："国家大事，请勿外泄。"田光请了荆轲后便自杀明志。

荆轲对太子丹说："给我燕国的地图和樊於期的人头，这样我才能见到秦王。"

太子丹说："樊於期走投无路来投奔我，我不忍心为了我的私利伤害他。你还是再想其他的办法吧！"

于是荆轲去见樊於期，向他说明太子丹的计划。樊於期于是自刎了。之后，荆轲又向太子丹索取了燕国的地图。

荆轲佩上了赵国徐夫人的匕首，那是天下最锋利的匕首。匕首上淬毒，见血封喉。

一些燕国的名士们一袭白衣，怒发冲冠，悲怆着，高歌着，为荆轲送别。送荆轲的行列中，也有高渐离的身影。高渐离击筑，荆轲合着节拍唱着“风萧萧兮易水寒，壮士一去兮不复返”。

荆轲觐见秦王，献上樊於期的人头和燕国地图。秦王让荆轲展示地图。当图穷匕见时，荆轲扯住了秦王的袖子，却没有击中秦王。他追着秦王绕着大殿上的柱子跑，侍卫都在殿外，没有秦王的命令不准进殿，所以并没有人来救驾。荆轲试了几次都没有击中秦王，连个血痕也没有划出，反而被秦王醒悟后抽出剑来刺伤，后被侍卫杀死。

公元前221年，秦统一六国，建立秦朝。秦王自称“始皇帝”。这时，高渐离来到宋子县。秦始皇听说他擅长击筑，便召见他。他一进殿，便有人认出了他，便报告秦始皇：“这人是荆轲的朋友。”秦始皇便薰瞎了高渐离的双眼。但秦始皇并没有杀他，还常让他击筑。

一次，高渐离凭耳聆听，感觉到秦始皇的位置，用尽力气，把筑掷向秦王。高渐离没有任何要求，只是以一己之力，凭借自己手中最为便捷的工具去刺秦始皇。这次刺杀并未成功，秦始皇处死了高渐离。他们这种“重情重义，士为知己者死”的精神被后人景仰。

范式千里赴约叙友情

> 与朋友交，言而有信。
>
> ——子夏

东汉时的一个秋天，落叶萧萧，篱菊怒放。汝南郡的张劭突然听见长空一声雁叫，便自言自语地说："他快来了。"原来，他在京城洛阳的太学里读书时同山阳郡金乡县的范式结下了深厚的友谊。分别的时候，张劭站在路口，望着长空的大雁，说："今日一别，不知何年才能见面……"说着便流下泪来。

范式拉着张劭的手，劝解道："兄弟，不要悲伤。两年后的秋天，我一定去你家拜望老人，同你聚会。"

这时，张劭十分高兴地回到屋里，对母亲说："母亲，刚才我听见长空雁叫，范式快来了，我们准备准备吧！"

"傻孩子，山阳离这里一千多里，范式怎会来呢？"他母亲不相信范式会来，摇头叹息："一千多里啊！"

张劭说："范式为人正直、诚恳，极守信用，不会不来。"

母亲只好说："好好，他会来，我去做点酒。"其实，母亲并不相信范式会来，只是怕儿子伤心，宽慰宽慰儿子而已。

约定的日期到了。范式果然风尘仆仆地赶来了。旧友重逢，亲热异常。母亲激动得站在一旁直抹眼泪，感叹地说："天下真有这么讲信用的朋友！"

荀巨伯为友舍生忘死

杀戮将死的人，为不仁；见人有难而逃离，为不义。

——荀巨伯

荀巨伯，东汉时期颍川（今属河南）人。

这年冬天，荀巨伯冒着严寒，远道去探视病危的朋友，却赶上胡兵进犯郡城。

荀巨伯远远望见城门大开，乱糟糟的人群从城里涌出来。荀巨伯愣愣地站在那里，一位匆匆走来的老人说：“兄弟，还不快逃命，胡人就要进城了！”荀巨伯谢过老人，穿过人群，拚命往城里挤。当他赶到友人家里时，见友人躺在床上，紧闭着双眼。好一会儿，友人才睁开眼睛，见是荀巨伯，颤动着嘴唇说：“可把你……盼来了，这不是……梦吧！”说着，二人同时落下泪来。荀巨伯劝慰了友人一会儿，友人忽然神色不安地说：“你来得太……不是时候了，胡兵就……要进城了，能看上你一眼就……够了，你快走吧！”说完，他闭上眼睛不再言语了。

荀巨伯想：“我来得太是时候了……”

突然，门外传来了喊杀声，由远而近。友人惊恐地睁开眼睛，颤声说：“快，藏起来……”话音未落，胡兵冲进来，几把雪亮的大刀同时对准了荀巨伯。好友吓得昏了过去。

“什么人？还敢留在这里！”胡兵怒吼着。

荀巨伯镇静地说：“远道来探望病危的朋友的。”

胡兵说：“人都跑光了，难道你就不怕死吗？”

荀巨伯从容地答道：“中原自古讲仁义。杀戮将死的人，为不仁；见人有难而逃离，为不义。料胡人亦是如此。今我愿舍生取义，望你们成全！请杀了我而留下他吧！”说完，他闭上眼睛。

“唰”的一声，几把大刀同时插入了刀鞘，胡兵走出屋去。

荀巨伯睁开了眼睛，扑向病友……

胡兵头领得知了这件事，感慨地说：“看来，我们这些不仁不义的军队，是进犯了一个有道德的国度啊！”于是，下令退兵。

荀巨伯义退胡兵，不仅救了友人，也救了全城百姓，人们交口称赞。

白敏中宁肯不当状元

以权利合者，权利尽而交疏。

——《史记·郑世家》

唐朝的白敏中与贺拔惎是好朋友，两人同到长安参加科举考试，经常携手去街上游玩。

那一年的主考官是王起。王起觉得白敏中文才好，私下想取他为状元，但王起不喜欢与白敏中交好的贺拔惎，叹息地说：“白敏

中怎么老同贺拔惎来往呢？多可惜呀！”于是他叫人悄悄地对白敏中说：“只要你不再同贺拔惎来往，王主考就取你当状元。”

白敏中皱起眉，没有答话。恰巧这时贺拔惎来了，看门的人就骗他说：“白敏中不在家，到朋友家去了，晚上也不回来。”贺拔惎站了一会儿，趸身就走了。

一会儿，白敏中听说这件事，急得从屋里跑出来，连连喊道：“快把拔惎请回来，快点！”

贺拔惎来后，白敏中把情况如实说了一遍，并说：“状元有什么稀奇的，怎么也不能不要朋友呀！”说完，他命人摆起酒宴，两个人真是酒逢知己千杯少，开怀畅饮，聊个痛快。

王起派来的人把这些看在眼里，大为生气，便一五一十向王起回禀了，最后还说：“他舍不得贺拔惎，咱们偏不让他当状元。”

白敏中宁肯不当状元也要朋友的品德，倒使王起感动了。他说：“我原来只想取白敏中，现在看来应将两人一同录取啊！”

这一年，两位朋友都中了举，后来白敏中在唐宣宗时还当了宰相。

杜甫与李白情深义厚

> 相见情已深，未语可知心。
>
> ——李白

杜甫是我国历史上伟大的诗人。他长期住在洛阳，对这儿的豪官富商钩心斗角的风气十分反感。但杜甫也在这儿遇到一位他的终身好友——诗人李白。

744 年初夏，杜甫在洛阳结识了李白。那时李白 44 岁，杜甫 33 岁。李白在京师受到高力士、杨玉环等人谗毁，很不得志。

两人初见面时，杜甫被李白的风采吸引住了。李白对杜甫的年轻有为也很欣赏。当时，他们俩一见如故。两人的志趣相同，时常在一起吟诗作赋，自得其乐。

那时候，社会上有一种求仙访道的风气。杜甫与李白相约结伴而行去访道求仙。尽管路途艰险，但他们互助互爱，常常吟诗作句，以苦为乐。他们走到山上的小有清虚洞天，去参拜道士华盖君。可是华盖君已经死去。他们凄凉地望着寥廓的四野，尽管彼此心中有不尽的怅然与失望，但他们互相劝慰对方，最后不得不按原路回去。

这年秋天，他们和另一位诗人高适相遇。三人经常在城里的酒楼饮酒赋诗，各叙心中的愤懑，也谈论着当时的国事，讽刺唐玄宗的醉心声色。渐渐地，杜甫和李白更加了解对方，他们之间的关系更加密切了。

不久，这三位朋友都先后分开，各奔前程。

第二年秋天，杜甫和李白又在齐鲁相遇。他们白天携手同行，寄情于山水；晚上，常常一边饮酒，一边仔细讨论文学上的问题，有时喝得大醉，同床酣睡。他们两人共同度过了一段愉快的日子，彼此都从对方身上学到了许多宝贵的东西，诗文上也有了很大的进步。不久后，他们又分别了。杜甫此后常常想起李白，回忆起往昔与李白在一起的快乐日子，便感慨地写了一首五律：“白也诗无敌，飘然思不群。清新庾开府，俊逸鲍参军。渭北春天树，江东日暮云。何时一尊酒，重与细论文。”

杜甫住在渭水之滨的长安，把自己比作春天的古树，把漫游江东的李白比作日暮的浮云，诗句充分表达了对远方朋友的思念。

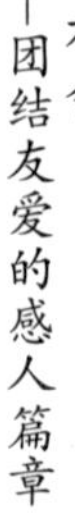

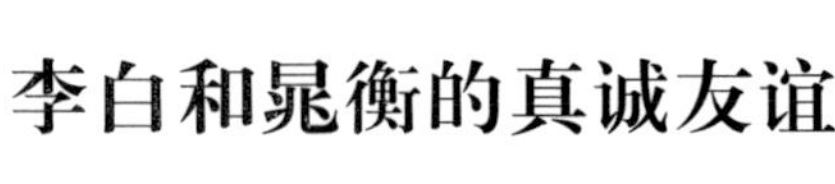

李白和晁衡的真诚友谊

> 择友如淘金，沙尽不得宝。
>
> ——李咸用

晁衡原名阿倍仲麻吕，约 698 年出生于日本，自小酷爱汉文学。717 年，晁衡被朝廷选为留唐学生，随遣唐大使来唐都长安学习。

到达长安不久，晁衡被安置在唐代最高学府国子监太学里学习，太学里集聚着许多富有才华的中外学生。在学习气氛甚浓的环境里，晁衡专心攻读周秦以来的封建经典，并以优异的成绩博得了唐朝廷许多学者的青睐。

晁衡在唐期间，正是我国诗人辈出、诗歌创作极为繁荣的时期。李白和晁衡年龄相仿，学识相当。李白十分钦佩晁衡谦虚好学的态度和良好的汉诗修养，二人一见如故，友谊极深。

753 年，晁衡偕同藤原清河（日本天皇遣唐第十次使团团长）等人离开长安，经扬州东归。船行至冲绳岛北部，天气骤变，航船遇难，170 多人遭难，幸存者仅晁衡、藤原清河等十几人。消息传至唐朝，大家误以为晁衡也已遇难而死。李白听后，不禁失声痛哭，写《哭晁卿衡》，以志悼念："日本晁卿辞帝都，征帆一片绕蓬壶。明月不归沉碧海，白云愁色满苍梧。"

晁衡等人历尽艰辛，最后又重返长安。以为他已死去的李白及朋友们见他活着回来，欢喜若狂。

晁衡自日本来唐至埋骨盛唐，在中国度过了他人生中的大部分时光，李白与晁衡的友谊至今传为佳话。

郭子仪与李光弼齐心杀敌

私仇不及公。

——左丘明

郭子仪，陕西渭南华州人。李光弼，辽宁朝阳人。他们两个人都是唐朝的大将。

唐朝的时候，为了加强边境的防御，在重要的边境地区设立了10个军镇，军镇的长官叫节度使。郭子仪和李光弼曾在朔方节度使安思顺的手下当军官。郭子仪和李光弼都是英勇善战的战将，可是两个人相互之间不服气。路上相遇，两人总是互相回避。有时候，就是在同一张桌子上吃饭，他俩也只拿眼睛瞟瞟对方，从来不说一句话。

755年，唐朝的范阳、平卢、河东三镇节度使安禄山发动了叛乱。叛军几乎没遇到什么有力的抵抗，很快就占领了唐朝大片地区。在安禄山的放纵下，叛军每到一处便奸淫掳掠、残害百姓，给人民带来了深重的灾难。

为了平息叛乱，唐玄宗提拔郭子仪为朔方节度使，让他统兵御敌。这样一来，郭子仪就成了李光弼的顶头上司。李光弼心想：“以前我不服郭子仪，与他结怨。如今他成了主将，自己成了他的部将，要是他寻机报复，自己恐怕要死无葬身之地了。”于是李光弼想投靠到别人手下去。

正在这时候，朝廷传来圣旨，要郭子仪从手下挑选一位能征善战的大将，领兵去平定河北的叛军。郭子仪深知李光弼是一员智勇双全的战将，便不计前嫌，向朝廷推荐了李光弼。

不久，朝廷的任命下达了。李光弼以为这是郭子仪的借刀杀人之计，心里很不安。可是，朝廷的命令又不能违抗，自己也有平叛立功的心愿，就接受了任命。

临行前，李光弼担心自己的家人受到郭子仪的迫害，便硬着头皮对郭子仪说：“我死固然甘心，只是过去我不好，得罪了您，希望您不要报复我的妻子儿女……”

没等李光弼说完，郭子仪忙离开座位跑过去，把李光弼紧紧地抱住，流着热泪说：“李将军！现在叛贼猖獗，国家危急，百姓生灵涂炭，正需要我们齐心协力讨平叛贼。平定河北，非将军这样的将才不行。在这紧要的关头，我们还能像过去那样鼠肚鸡肠，计较个人的恩怨吗？”

说完，郭子仪便把李光弼扶到座位上坐下，一边为他倒茶，一边向他说过去自己气度太小，请李光弼原谅，并一再表示说，要和李光弼在平叛的战斗中互相帮助，互相支援……

听了郭子仪这一番推心置腹的话语，李光弼很受感动。他想：“郭子仪身为主将，心怀坦荡，不计个人恩怨，向朝廷推荐我，并委以重任。我一定也要心胸宽广一些，和他搞好团结，齐心杀敌。”

当下，李光弼和郭子仪手拉着手走出大帐，对拜了几拜。随后，李光弼带领着郭子仪分给他的一万多兵马出发了。

李光弼到了河北以后，果然不负众望，接连打了许多胜仗，很快就扭转了不利的战局。不久，郭子仪也率军来到了河北，他和李光弼团结一致、相互配合，齐心协力打败了叛军，收复了黄河以北17 郡的地方。

张巡与许远团结守睢阳

男儿何不带吴钩，收取关山五十州。

——李贺

张巡，山西永济人（也有说是河南人）。许远，浙江海宁人。他俩一个是唐朝真源县县令，一个是睢阳太守。在安史之乱中，张巡和许远团结一心，共守睢阳城，对阻止叛军南侵江淮地区起到了很大作用。两人后因外援断绝、兵粮俱尽而牺牲。

755 年，唐朝平卢、范阳、河东三镇节度使安禄山和他的部将史思明，趁唐朝军队战斗力大减的时机，反叛了唐朝。在安禄山的放纵下，叛军每攻占一处地方，都残害百姓，给人民带来深重的灾难。

当叛军打到河南东部和安徽北部的时候，张巡的上司、谯郡太守杨万石投降了叛军，并命令张巡迎接叛军进城。张巡接到了命令后不但不投降，反而率领当地的百姓和士兵举起了讨伐叛军的义旗，收复了被叛军占领的雍丘城。

在雍丘城，张巡和叛军斗智斗勇，杀退了敌人，使叛军损兵折将，不敢再和张巡交锋，只得下令解围退走。

757 年，安禄山的儿子安庆绪为了夺取唐朝重要的物资供给地江淮地区，派大将尹子奇统率十几万人马进攻江淮地区的屏障睢阳。睢阳太守许远知道自己兵力单薄，难以守住，便向张巡告急，请他来帮助守卫睢阳。

张巡见了许远的告急信，想到睢阳的地理位置的确十分重要，便毫不犹豫地带领手下将士去支援睢阳。

按照官职来说，许远是太守，职位比张巡高，应该由他当守城的主将。可许远看到张巡足智多谋、英勇善战，便对张巡说："我不太懂得用兵的事，你智勇兼备，很会打仗，今后就请你统领全军指挥作战。我负责筹集军粮、修造兵器，保障作战的需要。你就大胆地指挥吧！"

张巡见许远这样信任自己，便接过了指挥全城军民抗敌的重担。在和叛军的战斗中，许远从不因为自己的官职比张巡高而看不起张巡，而是竭尽全力地协助他守城。张巡对许远十分尊重，凡是重大的决策，都要和许远商议。他们两人紧密合作，战胜了重重困难，多次打败了敌人，使叛军久攻睢阳城不下。

在守城的战斗中，张巡、许远督励将士昼夜苦战，打退了十几万叛军的轮番进攻，活捉了敌将 60 多人，杀死了敌兵 2 万多人，狠狠地灭了叛军的威风，大长了唐军的士气。尹子奇见自己损兵折将，还是攻不下睢阳，只好撤走了。

过了几个月，叛军仍不死心，又调集了兵马重新包围睢阳城。张巡和许远毫不畏惧，指挥唐军将士和叛军厮杀，又一连取得了多次胜利，就连叛军统帅尹子奇的左眼，也被张巡的部将给射瞎了。尹子奇发誓要报这一箭之仇，又增加了几万人马，把睢阳紧紧地包围起来。

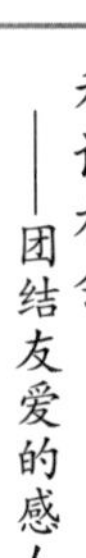

时间一长，城里的粮食不多了，张巡和许远就决定每人每天发一两多米，掺上树皮草根煮了吃，仍然坚持守城。

757 年十月，睢阳城被攻陷了。张巡和许远被叛军捉住，因不肯投降而被杀。

他们两人团结坚守睢阳 9 个月，为平定安史之乱，维护国家的统一立下了卓越的功勋。

韦皋与郑回二人同心

> 二人同心，其利断金。
>
> ——《周易·系辞上》

在唐代复杂的民族纠纷中，有两个善于化干戈为玉帛，促成民族团结的出色人物。一个是唐朝剑南西川节度使韦皋，一个是南诏清平官郑回。二人对恢复唐同南诏的友好关系，稳定西南地区的局势，推动这个地区的和平和发展，起过不可磨灭的作用。

南诏曾与唐朝朝廷交恶数十年，双方都尝过交恶造成的苦果。直到贞元十年（794 年），在韦皋、郑回的努力下，唐与南诏才尽弃前嫌，修复旧好。

南诏，是唐代云南地区的地方政权，其王姓蒙。云南原有六诏，蒙舍昭在云南的南方，故又称南诏。六诏各有君长，互不统属，各自拥有部落。南诏最强，兼并了其余五诏，建立起地方政

权。南诏原属剑南西川节度使属下的云南太守（驻地姚州）管辖。

在开元以前，南诏的历代君长都同唐朝交好，并受唐朝册封。皮逻阁继位后，得唐助力，消灭云南其他地方势力，逐步控制了这个地区。以此，唐玄宗封他为云南王。天宝年间，皮逻阁去世，其子阁逻凤继位，南诏同唐的矛盾激化。阁逻凤叛唐归附吐蕃，自立国号为“大蒙”。天宝十一年（752 年），杨国忠执政。唐朝向全国征兵。754 年，唐朝廷派侍御史李宓统大军征讨南诏，前后两战皆败，死亡近 20 万人，天下骚乱。而南诏许多地方也遭到唐兵的极度破坏，双方损失严重。不久，安史之乱爆发，唐无暇顾及西南，南诏便乘机夺去大片土地。

到大历十四年（779 年），时阁逻凤已死，异牟寻继位。吐蕃又约南诏合兵 10 万，进攻唐剑南地区，被唐大将李晟打败。唐军乘胜追击过大渡河，吐蕃、南诏几乎全军覆没。经过这次惨败后，异牟寻非常后悔，深深感到依附吐蕃的遗害。从此，吐蕃同南诏的关系出现裂痕，唐同南诏复交有了转机。远见卓识的韦皋和郑回便抓住这个时机，促成南诏同唐和好。

郑回，原籍河南相州，天宝年间进士，曾任唐西泸县（今四川西昌境内）县令，后被南诏所俘。他因有学问，深得阁逻凤器重，被任命为王室教师。异牟寻继位后，以郑回为清平官（唐南诏王以下最高行政官员），郑回从而成了举足轻重、最得信任的重臣。郑回曾劝异牟寻弃吐蕃归唐，并分析了归唐的益处。异牟寻觉得他的话有道理，便产生了归唐之意。这时任剑南西川节度使的韦皋，听说南诏有归唐之意，便乘机行动，促成其事。

韦皋，字城武，唐代京兆万年（今陕西西安）人，是一个颇有才能的地方长官。贞元元年（785 年），韦皋被任命为剑南西川节度使（简称剑南节度使）。到任后，他认为“云南蛮众数十万与吐蕃和好，蕃人入寇，必以蛮为前锋”，这对唐威胁甚大，要保障西南安全，必须争取南诏附唐，使吐蕃失去援助。韦皋听说南诏有意归唐，便遣使寄信给异牟寻，主动和他联系。贞元七年（791 年），韦皋又秘密寄信给异牟寻，劝他背弃吐蕃，归顺唐朝。在韦皋反复诚恳地劝导下，又有郑回的支持，异牟寻决心归唐。贞元九年（793 年），异牟寻召集众酋长商议后决定，一面致书韦皋，表明自己归唐的态度；一面派遣使者拿着以前韦皋寄给异牟寻的信，分道去长安，同唐朝廷商议归附的事。使者到长安后，向唐朝廷献上方物（地方特产），并转达异牟寻“请归大国，永为藩国”的请求。唐德宗非常高兴，赐诏书嘉奖异牟寻，同时命令韦皋派专使赴南诏议和，韦皋便以崔佐时为使，到南诏国都阳苴咩城（又叫羊苴咩城）。异牟寻“设位陈灯烛”，迎接唐使者。

其时，为稳定异牟寻的归唐决心，郑回给崔佐时出了不少主意，使议和顺利进行。贞元十年（794 年），双方代表在点苍山神祠会盟，宣布两国正式结盟。从此，南诏归附唐朝，异牟寻去掉吐蕃给的帝号，接受唐的封号。两国消除数十年的积怨，和睦相处。后来，南诏多次出兵配合韦皋指挥的唐军，大败屡次入侵唐境掳掠和欺压过南诏的吐蕃。

从历史上看，南诏同唐和好，加强了云南地区同中原地区的联系，对促进这个地区的经济文化繁荣和发展，起着重要的作用。韦皋、郑回促成南诏同唐复交，无疑是他们在特定的历史条件下，作出的卓越贡献。

欧阳修不夺友人之功

行合趋同，千里相从。

——《淮南子》

夜深了，北宋文学家、史学家欧阳修还在灯下苦苦思索，他已经好几天睡不好觉了。

原来，前几天，他接到皇上的诏书，命令他对自己所撰修的《新唐书》中的“纪”和“志”两部分和宋祁（北宋文学家、史学家）所撰修的《新唐书》150卷“列传”部分一起进行加工润色，使之文体一致起来。欧阳修对皇上的命令感到十分为难：一来宋祁是自己的长辈，自己对他一向十分尊敬；二来宋祁工诗能文，素有真知灼见，造诣颇深；再者，每个人的想法毕竟不同，自己怎好贸然去修改别人的文字呢？他思忖再三，感到皇上的旨意难以遵命，于是便连夜写出奏折，请求圣上收回成命。宋仁宗看了欧阳修的奏文，感到言之成理，也就不再提这件事了。

紧接着，又出现了在书上署名的问题。按照旧例，一本书由几个人合撰，只署其中职位较高者。当时欧阳修是枢密副史、参政知事，而宋祁是翰林学士，当然应该署欧阳修的名。但欧阳修不愿这样，他一向尊敬宋祁，二人交谊又深，欧阳修感到宋祁在修《新唐书》的过程中花费的心血比自己多，自己怎好凭自己的高位，贪他人之功，掩盖宋祁的贡献呢？于是，他又向皇上奏明，主张同署二人之名。

宋仁宗批准了欧阳修的奏文。于是《新唐书》上署了欧阳修和宋祁两人的名字。从此两人更加互尊互敬，交谊愈加深厚了。

顾贞观赋词救挚友

> 夫大寒至，霜雪降，然后知松柏之茂也。
>
> ——《淮南子》

清初著名词人顾贞观和著名诗人吴兆骞同为江南才子，一个填词，一个作诗，在清初的文坛上崭露头角，名气大震。早在青年时代，他们就诗酒交往，过从甚密，或蠡湖泛舟，春郊驰马；或围棋击筑，谈诗论文，志趣相投，肝胆相照。

顺治十四年（1657 年），吴兆骞参加江南乡试，考中举人，然而却不断有人揭发考场弊端，这引起顺治帝震怒，核准礼部所奏："钦定试期，亲加复试，以核真伪。"吴兆骞就和其他所有该年举人一起入京参加复试。考场上除考官罗列监视外，堂上摆着桎梏镣铐等刑具，堂下排列着举刀持棍的武士，且每个举人身边还有两个护军夹立监视。在这种气氛下，参加复试的举人大都战栗不安，失去作文赋诗的灵感，有的甚至抖索着连笔也握不住。吴兆骞虽有才华，但也受到环境的影响，未能终卷，遂亦以舞弊定案，被杖责 40

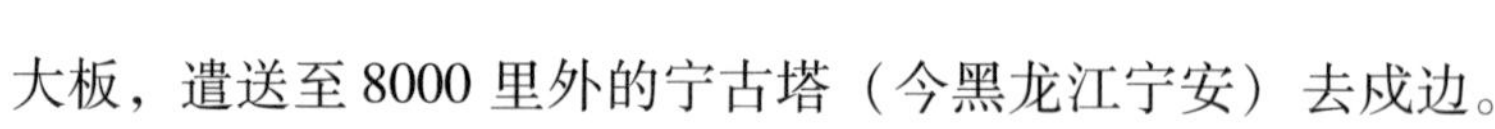
大板，遣送至 8000 里外的宁古塔（今黑龙江宁安）去戍边。

吴兆骞离京出塞时，诗人吴梅村挥泪相送，作《悲歌赠吴季子》诗一首以寄托友情。

1660 年，侵略者在黑龙江下游侵扰，统领巴海率领军民迎击。吴兆骞写了一首题为《奉送巴大将军东征逻察》的长诗，谴责侵略者的暴行，歌颂巴海率军抗战的爱国正义行动。

吴兆骞被遣送到黑龙江戍边后，顾贞观为好友蒙受不白之冤感到悲伤，立下“必归季子”的誓言。但这个案件是顺治皇帝亲定，继位的康熙皇帝并无昭雪之意。当顾贞观接到吴兆骞从戍边寄来一封信时，才知吴兆骞戍边的苦况：“塞外苦寒，四时冰雪，鸣镝呼风，哀笳带血，一身飘寄，双鬓渐星。妇复多病，一男两女，藜藿不充，回念老母，茕然在堂，迢递关河，归省无日……”

顾贞观读信后，凄伤流泪，深知身居边塞的好友的凄苦，明白救友已刻不容缓。当他了解到朝廷中身居要职的宋德宜、徐乾学过去与吴兆骞都有过交往，便奔走于这些权贵之间。谁知人情淡薄，世态炎凉，这些已飞黄腾达的高官显宦根本不愿出力解救。顾贞观一筹莫展，百感交集，于是挥笔写下了《金缕曲》二首，作为给吴兆骞的复信。

二阙《金缕曲》，对患难之友“悲之深、慰之至”叮咛告诫，无一字不从肺腑流出。这种忠贞生死之谊，至情之作，终于感动了顾贞观新结识的一位朋友——纳兰性德。

纳兰性德，字容若，是清代满族杰出的词人，其父明珠，官至太傅，主持朝政多年。纳兰性德出生在门第显赫的贵族家庭，18 岁就中举人，22 岁被康熙皇帝选为御前侍卫。他却无意于官职的升迁，喜欢治学，写诗赋，惜友情，重然诺。“以风雅为性命，朋友为肺腑”，他与顾贞观一见如故，互相倾慕。当他读了顾贞观的《金缕曲》后，心情十分激动，决心承担营救吴兆骞的重任。他向顾贞观表示："不玉成此举者，非人也！"在他的一再恳求下，其父终于应允以重金赎回吴兆骞。由明珠出面，宋德宜、徐乾学等人也同意捐款相救。

康熙二十年（1681 年），51 岁的吴兆骞终于回到了北京，当他出现在纳兰性德家里时，人们看到的是一个形容枯槁、须发皤然的老翁，在宁古塔的凄苦生活，使他过早地衰老了。这时，一股暖流涌上他的心头，感激之情化成了滚滚热泪，他在好朋友面前痛痛快快地哭了一场。纳兰性德把他留在家中担任授读。两年后，吴兆骞返乡省亲，几个月后返京治病。1684 年，吴兆骞因病逝世了。

吴兆骞在坎坷的一生中，写了许多诗文，给后人留下了八卷《秋笳集》。顾贞观写给他的二阙《金缕曲》，因为纳兰性德在祭吴兆骞的文中曾说"金缕一章，声与泣随。我誓返子，实由此词"，所以被人传诵为"赎命词"，成为清词中的压卷之作。顾贞观与吴兆骞间的生死之交，成为文坛佳话，至今仍被人们传颂。

田汉与周信芳剧坛知己

> 合意友来情不厌，知心人至话投机。
>
> ——冯梦龙

田汉与周信芳都是我国剧坛的一代宗师，两人交往密切，友谊深厚，在戏剧史上留下了一段佳话。

田汉 18 岁去日本求学，途经上海观看了周信芳的京剧艺术。1923 年秋，二人相见，一见如故。周信芳说：“相识满天下，知心能几人。今天我们能一见如故，明天就以兄弟相称吧。”从此，二人交往甚密，一起切磋戏剧曲目。

1928 年，田汉创办了南国艺术学院，不久受挫停顿，转而集中力量办南国剧社。剧场难借，又没戏台，在周信芳的全力支持下，公演赢得了广大观众的热烈欢迎。

1930 年，田汉改编的《卡门》被国民党当局禁演，田汉遭搜捕。因为鲁迅先生的警告，田汉及时转移，悄悄来找正在演出的周信芳。周信芳给田汉改了装，又拿出钱给田汉，然后设法将其送到日租界的一位朋友家里，田汉才免遭拘捕。

1937 年，抗日战争爆发，周信芳、田汉等人冒着敌人的轰炸，在上海为不做亡国奴而奋勇斗争！

1948 年，田汉离开上海，进入解放区。

田汉与周信芳再次见面，已是新中国成立前夕。1949 年 6 月，周信芳被选为出席全国第一届文代会的代表赴京开会。在灿烂阳光下战友重逢、感慨万千。此后，田汉在北京担任文艺界的领导工作，历任文联常委、文化部艺术局局长、中国戏剧家协会主席等职务。周信芳还是在上海从事戏剧活动，任中国戏剧家协会副主席、剧协上海分会主席、上海京剧院院长。他们虽然远隔两地，却仍在同一条战线上工作，两人南来北往、凡相聚必长谈，分别时又总依依送行，友情与日俱增。

1961 年 2 月，文化部隆重举行周信芳演剧生活六十周年纪念活动。田汉到会讲话——《向周信芳同志的战斗精神学习》，高度赞扬了周信芳的战斗精神、革命热情以及对京剧艺术的贡献，称他为“战斗的表演艺术家”。在纪念活动中，周信芳先后在北京、上海演出了《打渔杀家》《乌龙院》等拿手好戏。田汉欣然命笔，赠诗四

首，其中两首为：

喜为人间吐不平，早年英锐已知名。
曾因王莽诛民贼，亦借陈东励学生。
手创移风肝胆壮，扶持南国意图新。
登场犹忆鱼龙会，武二刀光一座惊。
六十年来磨一剑，精光真使金石开。
由它眼弱和头白，唱通山陬与海隈。
万死不辞尊信国，千山所指骂王魁。
乾坤依旧争邪正，珍重先生起怒雷。

诗中巧妙地列举了周信芳各个时期编演的剧目《王莽篡位》《徽钦二帝》《文天祥》《义责王魁》等。

20 世纪 60 年代第一年，田汉因工作到上海，又正逢农历除夕。周信芳的夫人到海外探亲去了，家里只有周信芳一人。田汉怕老友感到孤寂，除夕之夜特地来周家陪伴。两人作竟夕之谈，直到次日凌晨，大年初一的爆竹响起时，他们的谈话还没有结束，数十年的友情真比流水还长。

第五章 同舟共济 爱护晚辈

萧何月下追韩信共保明主

不就利，不违害，不强交，不苟绝，惟有道者能之。

——王通

项羽分封诸侯以后，汉王刘邦带着人马来到封地南郑（今陕西南郑）。

汉王到了南郑，拜萧何为丞相，拜曹参、樊哙、周勃等为将军，养精蓄锐，准备和项羽争夺天下。但汉王手下的兵士们却都想回老家，差不多每天都有人开小差逃走，急得汉王连饭也吃不下。

有一天，忽然有人来报告："萧丞相逃走了。"汉王急坏了，真像突然被人斩掉了左右手一样难过。

过了一两天，萧何回来了。汉王见了他，又气又高兴，问他："你怎么也逃了？"萧何说："我怎么会逃走呢？我是去追逃走的人呀。"汉王又问："你追谁呢？"萧何说："韩信。"

萧何所说的韩信，本是淮阴（今江苏淮阴）人。项梁起兵后，路过淮阴，韩信去投奔他，在楚营里当个小兵。项梁死了，韩信又跟项羽，项羽见他比一般兵士强，就让他当了个小军官。

韩信好几次向项羽献计，项羽都没有采用。韩信十分失望。等汉王刘邦到南郑去的时候，韩信就投奔了汉王。

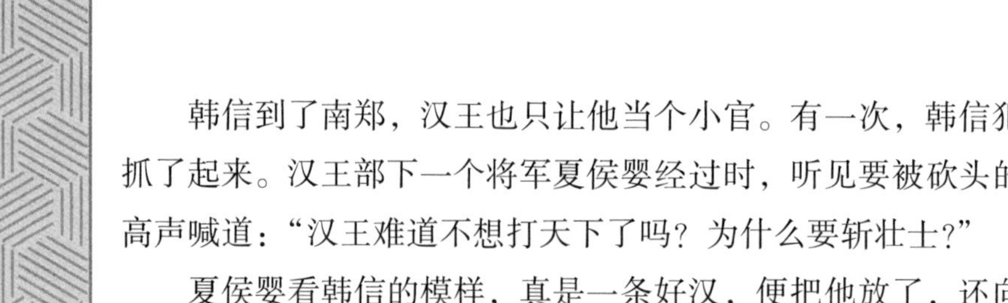

韩信到了南郑，汉王也只让他当个小官。有一次，韩信犯法被抓了起来。汉王部下一个将军夏侯婴经过时，听见要被砍头的韩信高声喊道："汉王难道不想打天下了吗？为什么要斩壮士？"

夏侯婴看韩信的模样，真是一条好汉，便把他放了，还向汉王推荐。汉王派韩信做了个管粮饷的官。

后来，丞相萧何见到了韩信，跟他谈了谈，认为韩信的能耐不小，便几次三番劝汉王重用他，但汉王总是不听。

韩信知道汉王不肯重用自己，于是趁将士纷纷开小差的时候，也找个机会走了。

萧何知道韩信逃走的消息，急得跺脚，来不及向汉王报告便立即骑上快马亲自去追赶他，费了好大功夫才把韩信找回来。

汉王听说萧何追的是韩信，生气地说："逃走的将军有十来个，没听说你追过谁，你单单地只追韩信，是什么道理？"

萧何说："一般的将军有的是，像韩信那样的人才简直是举世无双。大王要是准备在汉中呆一辈子，那就用不着韩信；要是准备打天下，就非用他不可，大王到底准备怎么样？"

汉王说："我当然要回东边去，哪能老待在这儿呢？"

萧何说："大王要争天下，就赶快重用韩信，不重用他，他早晚还是要走的。"

汉王说："好吧，我就依你的意思，让他做个将军。"

萧何说："大王叫他做将军，还是留不住他。"

汉王说："那就拜他为大将吧！"

萧何很高兴地说："这是大王的英明。"

汉王让萧何把韩信找来，想马上拜他为大将。萧何直爽地说："大王平日不大注意礼貌，拜大将可是件大事，不能像跟小孩子闹着玩似的叫他来就来。大王决心拜他为大将，就要择个好日子，还得隆重地举行拜将仪式才好。"

汉王说："好，我都依你。"

汉营里传出消息：汉王要择日子拜大将啦！几个跟随汉王多年的将军都兴奋得睡不着觉，认为这次自己一定能当上大将。

等到拜大将的日子，大家知道拜的大将竟是平日被他们瞧不起的韩信，一下子都愣了。

韩信当上大将后，向汉王详详细细分析了楚汉双方的形势，认为汉王发兵东征，一定能战胜项羽。汉王越听越高兴，只后悔没早点发现这个人才，倘若平日多注意团结网络天下各路志士贤人，岂不早就功成业就了？

韩信成为大将后，征战天下，屡建奇功，帮助汉王打败了项羽。"萧何月下追韩信"的故事，也成为贤臣团结臣僚的千古佳话。

黄霸愿与知己同赴难

> 相知在急难，独好亦何益。
>
> ——李白

黄霸，字次公，淮阳阳夏（今河南太康）人，西汉大臣。夏侯胜，字长公，东平（今属山东）人，西汉著名经学家，《今文尚书》学的开创人。

汉宣帝即位后，提议为汉武帝创庙乐——宗庙武乐，来颂扬他的功德，让大臣们展开"讨论"。结论只有一个：应该依照皇帝的

命令办事。因为群臣里，奉迎巴结的有，胆小怕事的有，不负责任的有，大家都为权势折腰，不敢提反对意见。而唯独夏侯胜说："汉武帝虽然有扩大疆土的功劳，却为此阵亡很多将士，耗尽了国家的人力物力，使得徭役繁重，百姓流离失所。他对人民没有什么恩惠，不应该为他创庙乐。"

大臣们听了夏侯胜的话，都非常害怕，为避免自己受到牵连，联名上书举报，说："夏侯胜对皇上旨令妄加评论，对先帝肆意诋毁，实属大逆不道，应予治罪！"

夏侯胜闻之，毫无惧色，正言道："直言不讳，君子之行；随声附和，小人作为。我即言明，死而无憾！"

群臣愕然。

丞相长史黄霸平时与夏侯胜很少往来，但听了夏侯胜的诤诤之言，看到他凛然正气，十分敬佩，立时将他视为知己。于是他便上前和夏侯胜站在一起，拉着夏侯胜的手说："先生也道出了我的心思，我愿与知己者共同赴死！"黄霸不仅支持夏侯胜，还拒绝在弹劾夏侯胜的联名书上签名。

创庙乐的事定下来了，而夏侯胜却因犯诋毁罪被抓进了监牢，黄霸也因犯包庇纵容罪入了狱。在狱中，他们谈国事，肝胆相照；议家事，志趣相投。黄霸想向夏侯胜学习经术，夏侯胜认为早晚要赴死，拒绝了他。黄霸说："早晨知道了真理，晚上死也没有遗憾了。"夏侯胜非常赞同他的观点，便答应了他的请求。寒来暑往，两个春秋过去了。他们对经术的研究，也越来越深入。

后来他们怎样呢？他们因汉宣帝大赦双双出了狱。大家都非常敬佩他们那种"交友贵相知"的精神。

太史慈与孔融休戚与共

投之以木瓜，抱之以琼琚。匪报也，永以为好也。

——《诗经》

太史慈，字子义，东莱黄县（今山东龙口东南）人。他身长七尺七寸，美须髯，猿臂善射，弦不虚发，是真正的神射手。他年少十分好学，后担任本郡奏曹史。

当时本郡与本州之间有嫌隙纠纷，是非曲直不能分，而结案的判决多对先让有司（掌刑赏之官吏）知事者较有利。其时本州的奏章已先发送出，郡守恐怕落后不利，于是求取可为使者的人。太史慈时年 21 岁，被选为使，乃日夜兼程取道，抵达洛阳。当他到公车门前等候时，见州吏也已经到了。

太史慈假意问州吏道："君也是前来欲求通章的吗？"

州吏答道："是的。"

太史慈又问："奏章在哪里？"

州吏道："在车上。"

太史慈便说："奏章题署之处确然无误吗？可否取来一视？"

州吏并不知道太史慈是东莱人，便取出奏章给他。太史慈先已藏刀于怀，取过州章后便提刀截而毁之。州吏大惊高呼，叫道："有人毁坏我的奏章！"

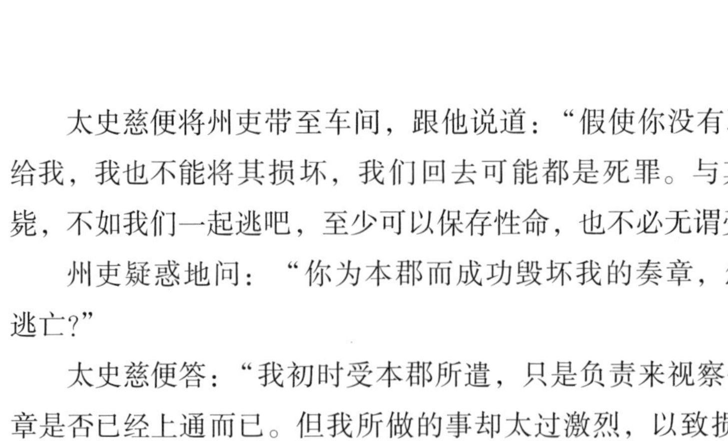

太史慈便将州吏带至车间，跟他说道：“假使你没有取出奏章给我，我也不能将其损坏，我们回去可能都是死罪。与其坐而待毙，不如我们一起逃吧，至少可以保存性命，也不必无谓受刑。”

州吏疑惑地问：“你为本郡而成功毁坏我的奏章，怎么也要逃亡？”

太史慈便答：“我初时受本郡所遣，只是负责来视察你们的州章是否已经上通而已。但我所做的事却太过激烈，以致损毁公章。如今即使回去，恐怕亦会因此受谴责刑罚，所以希望一起逃去。”

州吏相信了太史慈所言，便和他一起逃了。但太史慈与州吏出城后，又潜遁回城通传郡章，完成使命。州府后来再遣另一吏员来洛阳通章，但有司却以先得郡章的原因，不复查察此案，于是州府受其短。太史慈由是知名于世，但他亦成为州府所仇视的人物，为免受到无妄之灾，乃避居于辽东。

193 年，北海相孔融闻知此事，十分称奇，于是数次遣人动问太史慈的母亲，并奉送赠礼作为致意。适逢孔融为对付黄巾军出兵屯于都昌，却被黄巾军所围困。

太史慈从辽东返家，母亲对他说：“虽然你和孔北海未尝相见，但自从你出行后，北海对我赡恤殷勤，比起故人旧亲，有过之而无不及。他如今被围困，你应该赴身相助。”于是太史慈留家三日后，便独自径往都昌而行。

当时黄巾军围困得尚未太密，于是太史慈乘夜伺隙，冲入重围见到孔融，更要求他出兵与黄巾军决战。孔融不听其言，只一心等待外援。但外救未至，而黄巾军围日逼。孔融乃欲告急于平原相刘备，可惜城中无人愿出重围，太史慈便自求请试一行。

孔融便道：“现今我军被围甚密，众人皆说难以突围，你虽有壮志，但这始终是太艰难的事罢？”

太史慈答道：“昔日府君倾意照料家母，家母感戴府君恩遇，方才遣慈来相助府君之急。这是因为慈应有可取之处，此来必能有益于府君。如今众人说不可突围，若果慈也说不可，这样岂是府君所以爱顾之情谊和家母所以遣慈之本意呢？情势已急，希望府君不要怀疑。”

孔融这才同意其事。

于是太史慈严装饱食，待天明之后，便带上箭囊，摄弓上马，引着两骑马自随身后，各撑着一个箭靶，开门直出城门。外围下的黄巾军皆十分惊骇，兵马互出防备。但太史慈只引马来至城壕边，插好箭靶，出而习射，习射完毕，便入门回城。第二天清晨亦复如此，外围下人或有站起戒备，或有躺卧不顾。于是太史慈再置好箭靶，习射完毕，再入门回城。次日清晨如此复出，外围下人再没有站起戒备，于是太史慈快马加鞭直突重围中顾驰而去。待黄巾军反应过来，太史慈已越重围，回顾取弓箭射杀数人，皆应弦而倒，因此无人敢去追赶。

不久，太史慈抵达平原，便向刘备游说：“慈乃东莱之人，与孔北海无骨肉之亲，亦非乡党之友，只是因为慕名同志而相知，兼有分灾共患之情义。方今北海被围，孤穷无援，危在旦夕。久闻使君向有仁义之名，更能救人急难，因此北海正盼待贵助，更使慈甘冒刀刃之险，突出重围，从万死之中托言于使君，惟望使君存知此事。”

刘备乃敛容答道：“孔北海也知世间有刘备吗！”乃即时派遣精兵三千人随太史慈返都昌。

黄巾军闻知援兵已至，都忙解围散走。孔融得济无事，更加重视太史慈，说道：“你真是我的少友啊。”事情过后，太史慈还启其母亲，母亲也说：“我很庆幸你得以报答孔北海啊！”

骆统让大家都不挨饿

勿以恶小而为之，勿以善小而不为。惟贤惟德，能服于人。

——刘备

骆统，会稽乌伤（今浙江义乌）人，曾当过三国时期吴国的官员。他办事认真，很能为老百姓着想，是一个受人称赞的好官。

骆统小时候，正处在东汉末年。那时候，军阀们为争夺地盘连年混战，使得百姓们纷纷逃离家园，以躲避战乱。由于生产受到了严重的破坏，许多地方闹起了饥荒，很多人家没有吃的，只好忍饥挨饿，还有些人甚至被活活饿死。

小骆统是个心地善良的孩子，他看到了这幅惨景，十分同情那些在饥饿中煎熬的人。

骆统 8 岁的时候，在外做官的父亲骆俊被袁术杀了。父亲死后，他的母亲改了嫁。小骆统无人照看，只好由亲戚送回浙江老家，和已经出嫁的姐姐住在一起。

这一年，浙江地区也闹起了大旱，一连几十天没下什么雨，赤日炎炎，田地都干裂开了一道道大口子。禾苗都被旱死了，一粒粮食也没有收回来。没有了收成，吃饭成了大问题，许多人家虽然省吃俭用，用野菜谷糠掺和起来吃，但不久也就断粮了。骆统的姐姐家虽然也没有收成，但她平日节俭，家中还有一些过去的存粮，所以日子还好过一点儿。

骆统看到乡邻们在忍饥挨饿，想起了随父亲在畔原时看到的饿殍遍地的惨景，他心里很不好过。渐渐地，姐姐发现骆统的饭量一天比一天小，常常是只吃几口饭就把碗推开了。姐姐看弟弟一天天瘦了下去，很是担忧。

一天，吃饭的时候，骆统看到桌上的饭菜，只是呆呆地发愣，好像有什么心事。

姐姐见了就问："你是不是哪里不舒服?""你到底有什么心事，告诉我好吗?"

骆统见姐姐一再追问，便伤心地对她说："姐姐，我看到村里许多人家都在饿着肚子，就想起了过去见过的那些被饿死的人，心里就很难过。现在，别人都在挨饿，我怎能忍心只顾自己。"

姐姐听了弟弟的话，很受感动。她抚摸着弟弟消瘦的脸庞，心疼地说："原来是这样，你说得对、想得好，但为什么不早说。"于是，姐姐就把自己家中也不是太多的存粮拿出来了一些，和骆统一起分送给附近因缺粮挨饿的人家。这些米虽然不多，但是对那些吃了上顿没有下顿，正在饥饿中煎熬的人来说，真是雪中送炭啊!

得到米的乡邻都非常感激骆统姐弟俩，都夸赞骆统是个心地善良、乐于助人的好孩子。很快，他不愿让大家挨饿、送米救济穷人的事迹就在当地传开了。

蔡邕倒履迎宾

学贵得师，亦贵得友。

——唐甄

东汉末年，王粲（汉末文学家，177—217 年）随着担任小官的父亲住在京城。父亲不幸去世后，这个只有十几岁的年轻人生活在社会的底层。

一个偶然的机会，他见到了当时名满天下的蔡邕。蔡邕（东汉文学家、书法家，133—192 年）学识渊博、文章绝妙，又担任了皇家的左中郎将，所以同他往来的都是些名儒、显宦。蔡邕同王粲交谈时，十分惊异这个年轻人的文学才能，尽管他们相差几十岁，蔡邕却从不以长辈自居，和王粲结为忘年之交。

一天，蔡邕在家宴请宾客，室内高朋满座，门外车马喧闹。饮酒中间，一个仆人凑近蔡邕，说：“王粲到门外了。”

“快请。”蔡邕说后，匆匆站起来，顾不上跟客人打招呼，赶去迎接，匆忙之间，连鞋子也穿倒了。

客人惊愕了，以为王粲一定是位“新贵”。一会儿，蔡邕陪同王粲来了。原来王粲是一个衣衫破旧的瘦弱少年，客人们见了很不以为然。蔡邕觉察了大家的情绪，高声说：“这位小客人具有出色的才能，我老头子可比不上！”

在蔡邕的关心培养下，王粲的文学才能得到了提高，终于成了著名的文学家。

褚遂良为臣僚勇担风险

人生结交在终始，莫为升沉中路分。

——贺兰进明

褚遂良是唐朝著名的大臣，钱塘（今浙江杭州）人，唐太宗时曾任中书令。贞观二十三年（649 年），褚遂良与长孙无忌一起奉唐太宗遗诏辅佐朝政。唐高宗即位后，封他为河南郡公，人称“河南公”，任尚书右仆射。

武则天是唐太宗身边的才人。唐太宗死后，她削发为尼，与青灯佛影相伴。不久以后，被唐太宗的儿子李治（也就是唐高宗）纳入后宫。回宫后，她卑辞恭让、曲意事奉，很快博得唐高宗的欢心，致使皇后失宠，唐高宗欲册封武则天为皇后。

消息传出后，一些有识之士无不忧心忡忡。曾奉先王遗诏的褚遂良找来了太尉长孙无忌、司空李勣共谋对策，决定入宫劝阻。但这件事会使皇帝发怒，并且最先进谏言的人危险最大。为国事安宁，他们三人争先提出入宫，大义凛然地承担风险。

褚遂良对长孙无忌说：“您是太尉，是太国舅，如果皇帝听了您的话生气了，有所怪罪，皇帝就会有不尊国戚的名声，这是不可以的，因而您不能先去。”这话讲得合情合理，既为长孙无忌考虑，

又替皇帝着想，让人无法反驳。

随后褚遂良又对李勣说："您是国家重臣，对国家有功，如果事情进展不理想，皇帝动怒，皇帝就会承担凌辱功臣的名声，这也是不可以的。"这话说得入理，既要为国家保护功臣，又不能让皇帝声名有损。于是李勣也不得不听从。

最后，褚遂良说："我是个普通人，对国家没有什么汗马功劳，只不过因为先帝特殊的恩遇才有了今天。而且在先帝逝世之前，我又亲自受命于遗诏。今天的事情，如果我不效力，死后有何面目去见先帝呢？"说完，他深深地作了一个揖，毅然入宫进谏。

唐高宗出于反对意见的压力，最终暂时放弃了立武则天为后的打算，但后来褚遂良因反对唐高宗册立武后被贬职。但其为国事担忧、为同僚担险的忠正刚烈之气为后人所敬仰。

吴复古与苏轼师友情深

一日为师，终生为友。

——中国谚语

宋代著名文学家、艺术家苏轼与吴复古有过一段很深的交往。

吴复古，字子野，号远游，广东潮安人。吴复古年少有文名，但性格奇特，淡泊名利。初举孝廉，授职皇宫教授。由于不满官场黑暗，决然弃官，筑庵麻田山中。他很讲究养生存气之道，但他所讲的"养生"，乃是儒家的修身养性，所讲的"气"，是孟子所谓的浩然之气。

之后，吴复古遍游天下名山，广交名士，虽常出入于士大夫之门，但从不阿谀奉承，对人一无所求。当时的名士都十分景仰他。北宋词人，天章阁待制李师中，素有“神童”之称，为人十分傲倨，“于世少所屈”，唯独看重吴复古，称其为“白云在天，引颔何及”。

苏轼也在这个时候认识了吴复古，向他请教作文与处世之道，并写下《闻潮州吴子野出家》等文章。他们虽然年龄相差数十岁，但一见如故，成了忘年交。苏轼豁达豪放的性格与超逸的文才很得吴复古赏识，而吴复古刚直脱俗的性格与道德文章更使苏轼折服。苏轼曾把吴复古告诫他的养生之法素笔抄下，引为座右铭，这就是有名的《问养生》法帖。世传苏轼善养生之法，颇受这位良师益友的影响。

宋哲宗绍圣元年（1094 年），苏轼被贬惠州，途中与吴复古会面，老友重逢，分外高兴。苏轼欣然命笔，为麻田寺题名“远游庵”，并作《远游庵铭并序》，至今麻田山仍保存有苏轼当年的墨迹。

绍圣四年（1097 年），苏轼再次被贬海南。有一件事使苏轼很受感动：吴复古曾命其子送过苏轼一些潮州特产，苏轼在儋州时记起此事，乃命人带了些海南特产鲜果给吴复古。谁知吴复古十分生气，命来人带回，并复函苏轼，诚恳地说，朋友之交在于神交，只要彼此心心相印，何必搞世俗的那一套“礼尚往来”呢？这样做，只能给高尚的友谊带上世俗的习气。

到了元符三年（1100 年）底，苏轼遇赦北归。97 岁高龄的吴复古感念老友情长，执意为之送行，来到清远。因天气寒冷，老迈之人不禁其寒，遂染病不起，后不幸病逝于归途。苏轼在真州惊闻噩耗，万分伤感，写下了《哭子野》的祭文。

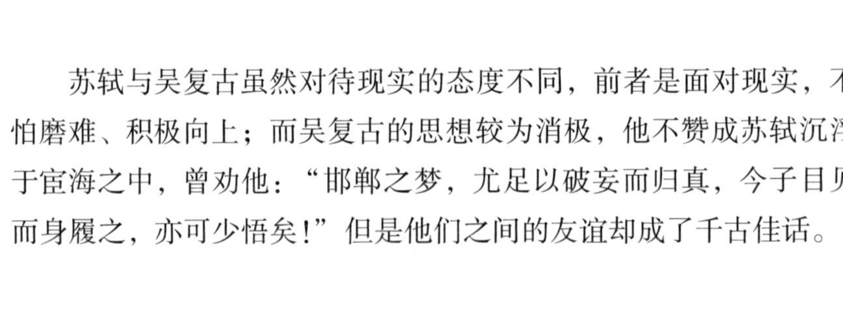

苏轼与吴复古虽然对待现实的态度不同，前者是面对现实，不怕磨难、积极向上；而吴复古的思想较为消极，他不赞成苏轼沉浮于宦海之中，曾劝他：“邯郸之梦，尤足以破妄而归真，今子目见而身履之，亦可少悟矣！”但是他们之间的友谊却成了千古佳话。

章太炎与苏玄瑛

礼之用，和为贵。

——《论语·学而》

章太炎是中国近代史上一位伟大的民主主义革命家。1903 年，他以“反清排满”的罪名被捕入狱，1906 年出狱后即流亡日本，主编中国同盟会机关报《民报》，宣传革命思想，旗帜鲜明地与保守派做坚决斗争。

1907 年 2 月，两个风尘仆仆的年轻人来到《民报》编辑部。章太炎身穿一件破旧的和服，厚厚镜片后面的双眼凝视着来人。

“先生，您不认识我啦？我是光汉。”刘光汉走上前拉住了章太炎的手。当年章太炎在上海爱国学社任教时，刘光汉是他的学生。

“唔，是你，光汉。”章太炎笑了。

“先生，这是我的朋友苏玄瑛，他是专门从中国赶来拜见您的。”刘光汉把身后的青年推到章太炎面前介绍着。

苏玄瑛红着脸，叫了一声“先生”。

章太炎望着这个瘦弱、矜持、一脸灵气的年轻人，自语道：

"苏玄瑛，好熟悉的名字呀！"

刘光汉介绍说："玄瑛在《国民日日报》当过编辑。"

章太炎说："对了，我看过你在《国民日日报》发表的《呜呼广东人》，把那些唯利是图、毫无爱国心的人骂得痛快淋漓，太好了！"大家都高兴地笑了起来。

过了一会儿，章太炎指着苏玄瑛对刘光汉说："玄瑛年纪轻轻，难得这样沉稳。"刘光汉朝章太炎一稽首，半垂眼帘说道："出家人恬淡虚无，真气从之，自然又沉稳又安静。"章太炎闻言惊喜地盯着苏玄瑛："怎么？你还是个佛门弟子？有法号吗？""法号曼殊。""懂梵文吗？""略微懂些。"苏玄瑛说着又红了脸低下头。章太炎兴奋极了："这太好了，以后我们有时间可以在一起研讨了。"

接着他们又谈起了形势。又过了一阵，刘光汉和苏玄瑛起身告辞，准备去给苏玄瑛找住处。章太炎指着凌乱的房间说："要是不嫌弃，玄瑛就住这儿吧，晚上闲了，正好有人聊天。"苏玄瑛被这意外的挽留惊呆了，好一会儿，他才如梦方醒地连连点头。

晚饭后，苏玄瑛和章太炎相对而坐，闲谈起来。章太炎问苏玄瑛："局势这么紧，到《民报》来怕不怕？"苏玄瑛含笑摇摇头说："没想过。"沉思片刻，他又说："我这次为还愿而来。""还愿？"章太炎很惊奇。"四年前我在日本留学时，就仰慕先生，发愿要做您的学生，现在我如愿了。"章太炎的目光变得柔和了。接着他们谈起了佛学和革命的道理。

苏玄瑛虔诚地注视着章太炎，耳边的声音像海潮缓缓地从远处推来。"先生！"苏玄瑛喊道。"苏玄瑛，叫大哥，以后你们都不要叫我先生，我是你们的大哥。"章太炎的脸上露出了轻松的笑，额上的皱纹也渐渐舒展了。

中国同盟会的处境越来越艰难，由于清政府的交涉，日本政府迫令孙中山离开日本。作为中国同盟会喉舌的《民报》，其处境就可想而知了，他们常常入不敷出，捉襟见肘。无奈，苏玄瑛只得拼命作画，给报纸的副刊拿去发表，或是拿去卖了，以补办报的经费。

一天，章太炎和苏玄瑛在一起谈话。苏玄瑛问：“世事这么艰难，大哥你就没想过失败吗?”

章太炎严肃地思索了许久，突然问：“你说项羽算英雄吗?”

苏玄瑛点点头。

“是呀！大丈夫做事，论是非不论利害，论顺逆不论成败，论万世不论一生。”

苏玄瑛轻声叹口气说：“我虽然也常常有一腔激情，有干一番事业的雄心，可我太容易灰心，心太容易冷，只有皈依佛门，求得心灵的安泰。”

章太炎感叹说：“是呀，我有时真羡慕你们斩断烦恼丝，遁入空门。可今天国家人民都处于水深火热之中，皈依佛门，这难道是男子汉大丈夫该做的事吗?”

苏玄瑛的脸又涨红了。

章太炎继续说：“玄瑛，你说你常常灰心，这实在难免，何况你半生坎坷，无亲无靠。你其实本来是一把火，只因为在严寒和苦雨中淋得太久，你的火焰才熄灭了。不过当你为着一个信念而鼓舞的时候，你就会觉得春天又来了。”

听了章太炎的一席话，苏玄瑛万分激动，他对自己将要走的道路看得更清楚，决心也更坚定了。

1908 年 7 月，日本内阁更迭。新上任的外相小村寿太郎为了诱使清政府屈从日本提出的侵占东三省各项权益的无理要求，决定对清政府采取“亲善”政策。1908 年 10 月，日本政府下令封禁清政府始终视为眼中钉的《民报》。

章太炎的心中早已无所畏惧，他望望阴云密布的天空，沉静地等待着无情的暴风雨。

“大哥!”苏玄瑛在夜风里战栗了一下，靠紧了章太炎。

章太炎抓住苏玄瑛的一只手，望着阴沉沉的夜空，忽然朗声大笑：“玄瑛，你听我说，我们虽然是书生，手无寸铁，但早已经不惧流血，置生死于度外，我们无愧于四万万同胞，还有什么值得畏惧的?”

他说着，挽起苏玄瑛的手臂走出黑洞洞的大门，大步地、义无反顾地走在冷冷的夜风中。

章太炎和他的“小友”

> 人生交契无老少，论交何必先同调。
>
> ——杜甫

阴暗的监狱里，空气潮湿，霉味刺鼻。章太炎把邹容（近代著名资产阶级革命宣传家）的头枕在自己的腿上，望着邹容遍体的伤痕，不觉老泪纵横、语音哽咽……

邹容比章太炎小16岁，两个人一见如故，成了忘年之交。邹容写了《革命军》，章太炎大为赞赏，说：“你的书稿，讯虽浅直，但要让人看懂，非这样不可。”为了使书广为流传，他立刻为之写了序。他叫邹容为“小友”，并同邹容结为兄弟。

清政府害怕章太炎倡导革命，把他投入监狱。邹容听到消息，勇敢地投案，跟章太炎一起坐牢。在狱中，章太炎赠诗勉励邹容

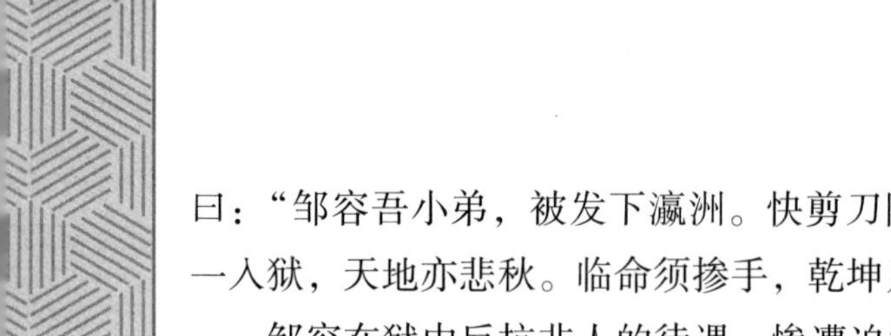

曰：“邹容吾小弟，被发下瀛洲。快剪刀除辫，干牛肉作糇。英雄一入狱，天地亦悲秋。临命须掺手，乾坤只两头。”

邹容在狱中反抗非人的待遇，惨遭迫害，身染重病，两个月后死在牢狱里。

辛亥革命后，孙中山封邹容为“大将军”。章太炎在邹容坟上修了墓道，并亲自作了墓志铭立碑墓前，表示对“小友”的深切怀念。

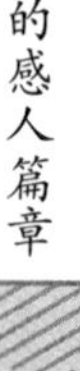

鲁迅和柔石

> 所是同袍者，相逢尽衰老。
>
> ——王昌龄

1931 年 2 月 7 日深夜，北风怒号，寒气逼人。在阴森森的国民党上海龙华警备司令部里，忽然传出了匪徒们一阵狼嚎般的吆喝声，接着，从牢狱里走出了 20 多名带着手铐脚镣的“囚徒”。他们昂首挺胸，高唱《国际歌》，毅然向刑场走去。在这些大义凛然的革命者中，有一位留着长发、戴着眼镜、脸庞瘦削而苍白的年轻人，他就是鲁迅先生的朋友——柔石。

柔石是一位十分朴实、勤恳的年轻作家，鲁迅先生非常赞赏他的品格。在那白色恐怖的岁月里，鲁迅和柔石经常在一起谈论国家大事。鲁迅先生，以一个老战士的斗争经验，教育柔石，耐心地指导柔石写文章，搞翻译，办杂志，从事革命活动。柔石以一个年轻共产党员火一般的战斗热情，感染、激励着鲁迅。长期的革命斗争实践，使他们结下了深厚的革命友谊。

1931 年初，柔石被捕了。敌人在柔石的衣袋里搜出了一张鲁迅和某书店签订的出书合同，就想以这作为十分担心借口逮捕鲁迅。此时，形势十分危急，鲁迅迅速转移。但鲁迅十分担心柔石和其他被捕的同志。

一天，鲁迅收到柔石从狱中托人带出的一封信。信中说，他虽然已被戴上了脚镣，但心情并未改变，正在跟另一位作家殷夫学德文。信中还特别提到敌人正四处打听鲁迅先生的住址，要先生小心。另外，他还想要几只铁碗。

鲁迅先生立即设法将铁碗送了去。一晃半个多月过去了。天气愈来愈冷，鲁迅心里老是惦记着柔石他们有没有被褥，铁碗有没有收到。他是多么渴望能重见柔石他们，和这些战友继续并肩战斗啊。可是，他得到的却是自己朋友牺牲的消息。鲁迅悲愤极了，他夜不能寐，在院子里清冷的月光下来回踱步。为了悼念朋友，抒发自己悲愤的心情，他吟就了一首诗。其中有这样两句这样写到："忍看朋辈成新鬼，怒向刀丛觅小诗。"

后来鲁迅先生为了控诉反动派的暴行，冒着生命危险，写了两篇文章：《黑暗中国的文艺界的现状》和《中国无产阶级革命文学和先驱的血》。

为了纪念柔石，鲁迅先生还向刊物推荐了一副木刻《牺牲》，画面上一个母亲伸出双手，正把自己的孩子献出去。鲁迅先生对办刊物的青年们说："这幅画叫《牺牲》，是德国凯绥·珂勒惠支的作品。柔石生前介绍过她的作品，可是现在这个勤恳的介绍者已经被埋在土里了。我们连地点也不知道。请你们把它发表出去，算是我对烈士的无声的纪念！"

徐悲鸿诚助“二石”

味甘终易坏，岁晚还知，君子之交淡如水。

——辛弃疾

在中国画坛，生长在南方和居住在北方的现代画家傅抱石、齐白石被称为南北“二石”。傅抱石是中国杰出的山水画家，曾任中国美术家协会副主席、江苏省国画院院长，他和关山月合作，为人民大会堂绘制了《江山如此多娇》大幅壁画。他还为郭沫若的《屈原》一剧设计过服装，同时又擅长金石篆刻，是个多才多艺的画家。齐白石是尽人皆知的国画大师，他独具特色的艺术珍品作为国家的宝贵文物享誉中外。而他们的成名，是与画坛伯乐——徐悲鸿对他们的发现和扶植分不开的。

徐悲鸿是中国卓越的画家，他画的马驰名世界。但许多人却不知道在他的一生中，他把美术教育事业放在第一位，把个人创作放在第二位。他从事美术教育工作30多年，把美术教育作为他毕生的事业。

一次，任南京中央大学艺术系教授的徐悲鸿带学生到庐山写生，归途经过南昌。这年，近30岁的傅抱石正怀才不遇、湮没于陋巷。傅抱石曾是制伞工人，画画完全靠自学成才。有一天，当时正在一所小学代课的傅抱石，拿了几块图章和几张画去寓所拜访徐悲鸿。徐悲鸿发现图章刻得很好，又看他的画气势不凡，就要他再拿些画来，并留下他的地址。

第二天，徐悲鸿回访了傅抱石。傅抱石受宠若惊，不知如何是好，特别是听徐悲鸿说：“你前途无量，应该去留学，去深造。”他简直不敢相信自己的耳朵，觉得自己好像在做梦。

徐悲鸿为傅抱石出国四处奔走，争取资助。他找到当时的江西省主席，拿出自己的一张画，说：“这张画留下来，就算你们买下的。南昌出了个傅抱石，是江西的荣誉，你们应该拿钱让他去深造。”江西省主席只好同意出一笔钱送傅抱石去了日本。

1929 年，蔡元培推荐徐悲鸿担任北平大学艺术学院院长。在北平，徐悲鸿意外地发现了齐白石的作品。齐白石当年已 66 岁，但他的艺术横遭画坛保守派的排斥。当时北平美术界很保守，北平艺术学院的中国画教学掌握在保守派手里，画必称“四王”（清初画家王时敏、王原祁、王翚、王鉴，他们一味崇古，趋于程式化，缺乏艺术应有的生活气息），学必循《芥子园》（清代广泛流传的中国画基本技法图谱），教学改革为保守派所不容。

齐白石 30 多岁尚未步入画坛，只是个匠人，57 岁时为躲避战乱来到北平，以卖画为生，并无人问津。他“衰年变法”，闭门十年，大胆突破传统手法，博采众长，形成了自己的独特风格，在美术界独立门户，自成一派。

徐悲鸿到北平，一眼就看准“衰年变法”的齐白石，认为 66 岁的齐白石“在中国画坛仍然是一匹能够奔驰的千里马”。他两次登门邀请齐白石为“北艺”教授，没有得到老人的同意，又第三次去邀请。他的诚意和苦口婆心地劝说，感动了老人。徐悲鸿亲自驾车接齐白石踏上了学院的讲台。他对学生讲：“齐白石可以和历史上任何一位丹青妙手媲美，他不仅可以做你们的老师，也可以做我的老师。”

徐悲鸿为齐白石办画展、编画集，还亲自为画集做序。

后来，徐悲鸿又回到了南京中央大学艺术系。告别北平时，齐白石画了一副《月下寻归图》送给徐悲鸿。二人分别后经常互赠诗画，成为莫逆之交，感情十分深厚。

第六章 关心亲朋 无微不至

伍举与声子两代世交

恩情须学水长流。

——鱼玄机

春秋时代，楚国的伍参和蔡国的子朝是很好的朋友。两家之间交往也很密切，他们的儿子伍举和声子从小相识，两代世交，结下了深厚的友谊。

伍举长大后，娶了王子牟的女儿为妻。后来，王子牟因犯法获罪，逃亡到国外去。这件事诛连了伍举，伍举被迫逃往国外。他觉得晋国很安全，于是夜以继日地赶路去投奔晋国。

一天拂晓，伍举很早起身，背起简单的行装出发了。当他走到郑国的时候，忽听背后有人叫他。回头一看，不禁又惊又喜。原来叫他的人是声子。这两位多年不见的好朋友，竟在异国的土地上突然相逢，彼此都感到十分高兴。

于是，他们就折下路边的荆条铺在地上，相对而坐，同时拿出干粮来边吃边谈。伍举百感交集，想起了过去的事；而如今，有家不能回，流浪在外，不禁眼圈红了。声子便问他："兄长，你怎么到这儿来了？"伍举听到这，泪水涌出，便把自己不幸的遭遇告诉了声子。他哭着说："岳父的事情，我并不了解。我完全是无辜的，今天又被迫离开楚国，不知道何年何月才能重返家园！"声子听了，

对朋友的遭遇非常同情，就安慰他说：“兄长，我正好也要到晋国去，正好和你同行。你先暂时在晋国住下来，我一定尽最大的努力，帮助你重新回到楚国！现在你要振作精神，这样以后才能有更大的发展！”

当时，晋、楚两国为了争夺中原地区的霸权，经常发生战争。在伍举投奔晋国后不久，声子被派去调节晋、楚两国之间的关系。声子在晋国办完公事以后，就高兴地去看望伍举，并对他说：“兄长，回国的时机快要到了，你耐心地等着听我的好消息吧！”伍举紧紧握着声子的双手，感激得说不出话来，两行热泪不禁夺眶而出。

声子告别伍举后来到楚国。他始终记着伍举的事，寻找一切机会帮助伍举。

一天，楚国令尹子木与声子闲聊。

声子灵机一动，计上心来，说：“此前从楚国逃到晋国的人才，都得到了晋国的重用。”

子木奇怪地问：“楚国的人怎么肯为晋国所用呢？”

声子说：“楚国用刑太滥，有才能的贤人经常无辜得罪，都逃亡到晋国去。现在楚国的贤大夫伍举就是被迫出走的，他的岳父王子牟犯了法，本来同他毫不相干，却牵连他。伍举无法申辩，只好逃亡到晋国去。如果他假手晋国来报私仇，楚国就休想太平了。”

子木听罢，心里十分惊慌，马上请楚康王赦免伍举，并宣布增加他的爵禄，派人到晋国去接他回来。伍举明了这一切都是声子的功劳，声子的帮助使他终于回到了楚国。伍举对声子非常感激，他们的友谊更加深厚了。

此后，他们两家世代亲近和睦，伍举和声子的友谊，也流传后世，传为佳话。

百里奚与蹇叔共患难

乐莫乐兮新相知。

——屈原

百里奚，春秋虞国人。少年家穷，成亲后妻子鼓励他出游列国求仕。他历经宋国、齐国等国家，因无人推荐，都未得到重用。后在齐国郅地，得遇蹇叔，两人纵谈天下大事，结为兄弟。蹇叔随即把百里奚推荐给虞国的贤臣宫之奇，宫之奇又把他推荐给虞君，做了虞国的大夫。可好景不长，晋献公出兵灭虞，俘虏了虞君和百里奚。正好晋献公要把自己的女儿嫁给秦穆公，便把百里奚作为陪嫁奴隶送至秦国。

百里奚伺机逃出，跑到楚国宛县，不料被楚民捉住，后送到南海养牛。秦穆公后来听谋臣公孙枝说百里奚有经邦治国之才，便想任用他，决定不惜重金将他赎回。

公孙枝急忙劝阻道："主公要是送厚礼去南海，百里奚就回不来了。"

秦穆公很奇怪，问其原因。

公孙枝说："楚国让百里奚去养牛，说明他们还不知道百里奚的才干。主公要是拿这样厚重的礼物去换他，不就等于告诉楚国，百里奚是个人才吗？如此，楚国便不会放他回来了。"

秦穆公恍然大悟，就按照当时市场上买奴隶的价格，让人带五张羊皮将百里奚赎回。

百里奚被赎回后，秦穆公与他谈论富国强兵之道，欲任他为宰相。百里奚不受，曰："我的本事远比不上我的朋友蹇叔，主公要富国强兵，称霸中原，就该把蹇叔请来。"秦穆公听说蹇叔比百里奚还要高明，马上派公子絷赶到蹇叔隐居的地方——宋国鸣鹿村去请其出山。蹇叔入秦后，秦穆公即任命其为上大夫。在蹇叔和百里奚的辅佐下，秦穆公积极推行各种改革，使得秦国一天天强大起来。

邹长倩良言赠挚友

夫习与正人居之，不能毋正，犹生长于齐，不能不齐言也。

——贾谊

汉武帝的宰相公孙弘，小时家里很穷。他年轻时因罪免职，放猪多年，40多岁时才发愤读书，学习《春秋》及其他经典。汉武帝初年，举贤良方正，公孙弘应试对策考第一名，拜为博士。

公孙弘要去长安时，他的近邻好友邹长倩看他衣帽破旧，就脱下自己的衣服、鞋帽并给他穿戴上，还赠送他干草一束、素丝一梲、扑满一个，并分别题词说："干草虽不值钱，但人们日常生活离不开它。古诗说‘生刍一束，其人如玉’，意思是送那人一束干草，他像玉石一样美丽。用此诗赠您，希望您贵不忘贱。素丝一根一根地织成线，多少线积成了缕，多少缕积成了这一梳。这说明积少成多，积多成大。希望您不要认为是‘小善’而不去做啊！扑满是用土做的陶器，是用来装钱的。它的构造是有入口而没有出口。钱装满了，就把它摔破了取出钱来。因为钱贵重，而扑满不贵重。现在有些当官的收敛百姓的钱，聚而不散，将会得到扑满的下场，你可要好好地警诫自己啊！保重吧，别后有山川的阻隔、风霜雨露的变迁，您谨慎从事、建功立业吧，我在家乡等候您的好消息！”

后来，公孙弘当了汉武帝的宰相，被封为平津侯。他打开东阁，广纳贤明的人，把自己应得的俸禄全拿出来招待宾客。自己和家人经常吃粗米穿布衣，不辜负好友的期望，不忘记好友的赠言。

孔融让梨、争刑

非亲有义须当敬，是友无情不可交。

——中国谚语

孔融是曲阜人，孔子的第二十世孙，泰山都尉孔宙的儿子。他一生写过许多诗和散文，是当时有名的文学家。

孔融对父母恭敬孝顺，对兄弟谦让友爱，对朋友热情诚恳，对奸邪嫉恶如仇。因此，大家都很敬重他。

孔融的这些美德，是从小在父母的言传身教下培养起来的。

孔融兄弟很多，他排行第六。父母从小就教育他们要谦让待人，尊敬父兄，明辨是非，注重仁义。所以他们家虽然孩子多，却一直和和睦睦的，邻里从来没听到过他们吵嘴打架的声音。

孔融 4 岁时，有一天，他父亲的一个学生来看望老师和师母，带来一些梨给他和哥哥吃。孔融拣了个小的。客人觉得奇怪，就问他说："小公子，你为什么拣小的吃呢？"

孔融笑着回答："我年纪小，当然应该吃小的！"

那位客人听了直夸孩子懂事，父母家教好。

孔融生活在东汉末年，当时朝廷里宦官专权，他们迫害异己，残害百姓，为所欲为，无法无天，弄得天怒人怨。

孔融 16 岁那年，有个叫张俭的官员触犯了宦官侯览。侯览下令逮捕张俭。张俭无处藏身，寻思着与孔融的哥哥孔褒是老交情，就逃到孔融家。恰巧这时孔褒不在，张俭见孔融年纪还小，不便把真情告诉他，想走又无路可投，因而坐立不安。孔融见张俭神色慌张，料定发生了危急的事情，就十分诚恳地对他说："您有什么事情跟我说是一样的。"

张俭见孔融虽然年纪不大，却谈吐不凡，就将事情的原委告诉了他。于是，孔融就把张俭藏了起来。后来，这事不知怎么让侯览知道了，侯览命令地方官来搜捕。孔融与哥哥孔褒又悄悄地把张俭送走了。差人没抓住张俭，怕不好交差，就将孔融兄弟带走了。

地方官审问是谁窝藏和放走了"罪犯"。

孔融抢着说："张俭是我作主藏在家里的，也是我放走的，与我哥哥无关。如果有罪，应当由我一人承担。"

孔褒赶忙说："不，张俭是我的朋友，他是来投奔我的，与我弟弟无关！"

孔融的母亲知道此事后立刻赶到官府，斩钉截铁地说："我是一家之长，家里不论出了什么事情，都应当由我承担。”

那地方官见孔融一家母子三人争着受刑，不能判定谁是主谋，就将事情上报侯览，也暗暗在心中钦佩有这样的好母亲培养出这样的好儿子。后来，侯览下令杀了孔褒抵罪。

孔融小时候不仅让过梨，而且在危险将至的时候，争过刑。一让一争，足以证明孔融和兄弟姐妹之间是多么团结友爱，品格是多么高尚。

刘备责友

善人同处，则日闻嘉训；恶人从游，则日生邪情。

——《后汉书》

刘备（161—223 年）是三国时期蜀国的建立者。刘备不仅善交朋友，和关羽、张飞结为异姓兄弟，还能诚恳地帮助朋友。刘备和许汜两人推心置腹，无话不谈。

有一天，刘备和荆州牧刘表闲谈，评论当世著名的人物，许汜也在座。当谈到徐州的陈登时，许汜插话说：“陈登的文化教养太低了，总也脱不掉一股粗野人习气。”

“你有根据吗？”刘备诧异地问。

“当然有，”许汜说，“头几年，他在吕布那儿做事，我去拜访他，他不但不搭理人，晚上他自己睡大床，却让我睡在小床上。”

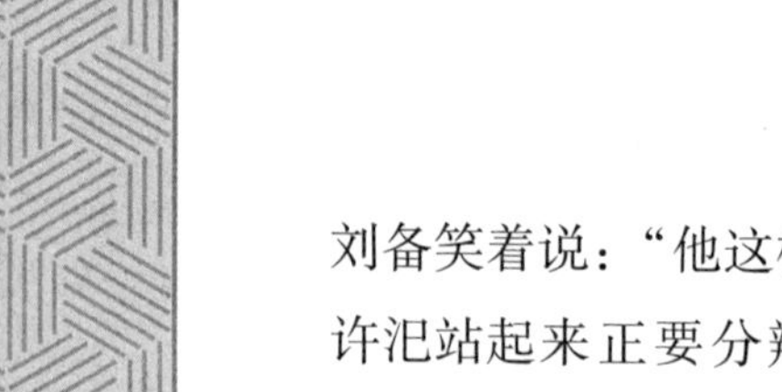

刘备笑着说：“他这样做是对的。”

许汜站起来正要分辩，刘备双手搭在他的肩上，诚恳地说：“你在外面的名气大，人们对你的要求也就高了。现在兵荒马乱，老百姓够苦的了。你不关心这些，只打听谁家买肥田，谁家买好屋，尽想捞便宜。陈登最看不起这种人，他怎会同你讲心里话呢？他让你睡小床，还算优待你。若是我，就让你睡在地上，连小床也不让你睡。”

刘表大笑说：“许汜，你快改掉这毛病吧。”

许汜感到刘备是真的在帮助自己，因此他十分感激刘备批评人不留情面，并表示要改正自己的缺点。

吕岱诚选益友

> 君子诎于不知己，而信于知己。
>
> ——司马迁

吕岱，字定公，海陵（今江苏泰州）人，三国时孙吴的将领。吕岱一生屡立战功，80 岁时还统兵作战。吕岱不仅以年高领兵出名，更以诚选益友著称。

吕岱的益友是徐原。吕岱很早就认识了吴郡的徐原，几次听徐原慷慨陈词，觉得他是富有正义感的人。后来经过不断地接触，吕岱发现他志向远大，才略非凡，便同他交了朋友。吕岱知道徐原家境贫寒，就带衣物去看望。吕岱认为徐原可成大器，就经常同他促膝谈心，激励他尽忠报国。

在吕岱的推荐下，徐原做了官。因为主持正义、又有才能，徐原很快就被提拔为监察政务的侍御史。

徐原为人心忠胆壮，有话直说，对吕岱更是毫不客气。只要吕岱做事不妥，他就前去劝阻，还当面批评，毫不讲情面，语言直接，不管对方能否接受得了。

吕岱呢，认为这是“良药苦口利于病，忠言逆耳利于行”。他把徐原看成是一面不可多得的镜子。他从这面镜子里看到了自己的形象，知道了哪是哪非，避免了很多大的过失。有人不理解地对吕岱说：“徐原对您太不留情了，亏您推荐了他!”吕岱感叹地说：“这正是我尊重徐德渊（徐原）的缘故啊!”

徐原去世了，吕岱哭得十分悲痛。他说：“孔子说，‘益者三友……友直（正直的人），友谅（诚实的人），友多闻（见识广博的人）……’徐德渊才是我吕岱真正的益友啊！他死了，我还能从哪里听到自己的过失呢!”

后世常赞美吕岱和徐原的真挚友情。

胡质辞交

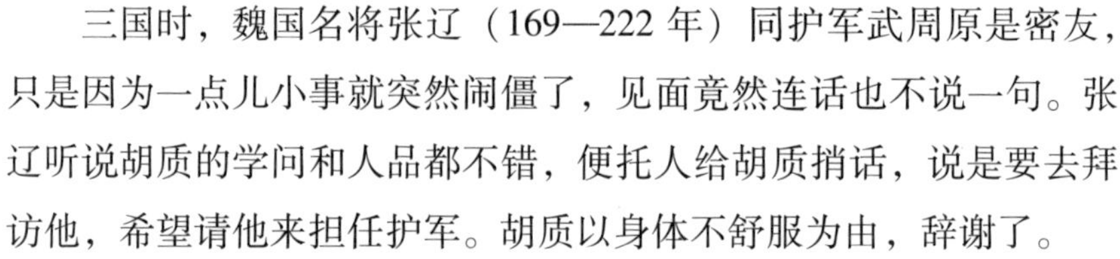

找一个赞美你的朋友，不如找一个挑你刺的朋友。

——《当代青年谈人生》

三国时，魏国名将张辽（169—222 年）同护军武周原是密友，只是因为一点儿小事就突然闹僵了，见面竟然连话也不说一句。张辽听说胡质的学问和人品都不错，便托人给胡质捎话，说是要去拜访他，希望请他来担任护军。胡质以身体不舒服为由，辞谢了。

一天，张辽对胡质说：“老胡啊，我一心想跟你结交、器重你，你怎么嫌弃我呢？”

“这得问你自己呀！”胡质说。

“怪我？”张辽疑惑地问道。

“可不是！”胡质诚恳地说，“交朋友，应看大节，不计小事，这样才能长久地保持友谊。武周为人不错，你也曾夸奖过他。现在，只为鸡毛蒜皮的小事，你就不理他了。我的才学比他差远了，怎能使你长久信赖呢？因此，我们俩好不了多久就会崩，还不如不结交！”

张辽听了胡质的话既感激又惭愧，连连称谢。随后，他给武周道歉，承认自己的错误。武周也进行了自我批评，两人和好如初。

后来，胡质笑着对张辽说：“知错能改，你这个人可交。”说着，他热诚地邀请张辽到自己家里去做客，两人终于成了好朋友。

谢尚以诚交友

人生贵相知，何必金与钱。

——李白

中秋时节，皓月当空，波涛滚滚的长江抖动着月华。这时，东晋的镇西将军谢尚（308—357 年）正率领军队驻守在长江之滨的采石镇。

这天，他换了便装，和几个幕僚一起泛舟赏月，只见水天一色、无涯无际，引起无尽的遐思。忽然，伴随着一阵徐徐的轻风，远处小船上传来吟诵之声，激昂奋发的情思，优美豪爽的诗句，深深打动了谢尚。他派人前去询问，回报说是已故临汝县令的遗孤，名叫袁宏（328—376 年），他吟诵的是自己创作的诗《咏史》。谢尚便派人把他接上大船来。

原来，袁宏的父亲过世以后，家境很是贫困。这个孤苦无依的少年只好驾起一叶扁舟，涉涛履险，运送过往行人，以维持温饱。在紧张的劳动之余，袁宏刻苦读书，他写的以历史为题材的诗作，是很出色的。方才，他在乘兴吟咏自己的诗篇。两个社会地位和年岁悬殊的人，竟然一见如故，寒暄几句，便高谈阔论起来。不知不觉间，明月西沉，朝霞东泛。

谢尚的热情称颂，使得默默无闻的年轻人逐渐引起人们的注

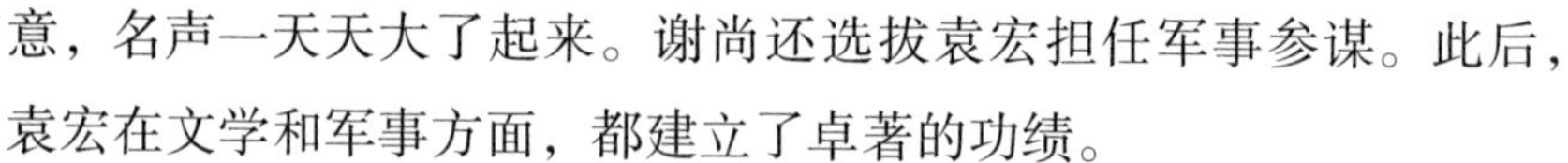

意，名声一天天大了起来。谢尚还选拔袁宏担任军事参谋。此后，袁宏在文学和军事方面，都建立了卓著的功绩。

李勉待友以诚

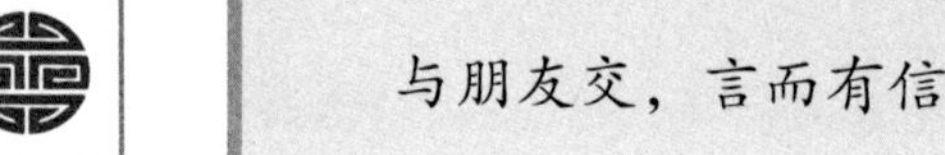

与朋友交，言而有信。

——《论语》

李勉是唐朝的宗室后代，当过开封尉、刺史、节度观察使，最后还当过两年宰相。他一生中最喜好的就是与有才干、有知识的人结交，交朋友时他以诚相待，肝胆相照。他为朋友尽心竭力，两肋插刀的故事留传至今。

李勉年轻的时候，由于家境贫穷，客居梁宋等地读书。李勉曾和一名太学生同住一个旅舍。两人的关系很好，平日里常常一起谈诗作赋。

一天，那个太学生突然得了急病，卧床不起。李勉看他的病情十分严重，忙给他请医生看病，又给他熬药、端水、端饭，无微不至地照顾那位太学生。

太学生的病体不见好转，眼看快要不行了。他趁房内无人，紧紧拉着李勉的手，呜咽地说：“你我朋友一场，没想到你对我这么好，这些银子你拿着。”说着，摸出几锭银子交给李勉，又说：“没人知道我身边藏有这么多银两，我死后请你用这笔钱将我安葬，余下的你就自己用吧!”说完，便去世了。

李勉忍着失友的悲痛，遵嘱给亡友举哀，买了棺木、衣衾等物，把他好好安葬了。剩下的钱，他分文未动，都随亡友一起入土。不久，太学生的遗属来找李勉，李勉便和他们一起去给亡友迁葬，取出埋在地下的银两交给他们，又拿了自己的银子赠与他们。遗属感动得不知说什么才好。李勉却说：“朋友一场，这是应该的!”

后来，李勉当了大官，结交了勤恳能干的密县县尉王晬，可是没过多久，皇帝下诏要处死王晬。李勉认为自己的朋友王晬没有错处，便暗暗寻察此事，了解到王晬是被人陷害。李勉便上奏皇帝请求赦免王晬，结果王晬被赦免。

不久，王晬特来向李勉道谢，跪下就要给李勉磕头。李勉忙扶起王晬说：“何必如此，大家都是朋友，当为知己者死，我做的这些又算得了什么。”后来，他们的关系就更密切了。王晬也不辜负李勉对自己的厚望。他上任龙门县令后，为官清正，办事能干，声誉很好。

李勉在任节度使时，听说李巡、张参两人很有才学，便请他们进幕府任判官。这两人都是名士，李逸待他们始终十分有礼，三人都互相以朋友相称，关系和睦。每有宴饮，李勉都请李巡、张参二人参加。

不久，李巡和张参先后去世。李勉很怀念他们，宴请客人时总给他们空着座位，摆着酒杯和筷子，就像他们俩活着一样。即使在很欢乐的宴会上，李勉看到空座，也不免神色凄恻，回想起往日和两人的深挚友谊和学问切磋，想起两人对自己的帮助，心中便充满了伤感和怀念。

李勉对朋友的态度为众人所知，许多人都以是李勉的朋友而自豪。

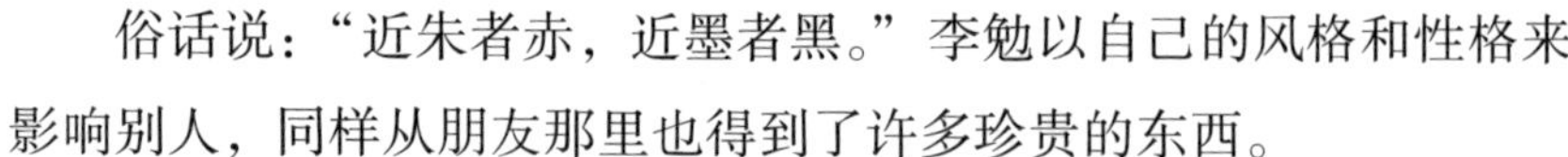

俗话说：“近朱者赤，近墨者黑。”李勉以自己的风格和性格来影响别人，同样从朋友那里也得到了许多珍贵的东西。

刘君良关爱同族

> 君子淡如水，岁久情愈真。小人口如蜜，转眼如仇人。
>
> ——《逊志斋集》

刘君良，唐代瀛州饶阳（今河北衡水）人。他家几代是孝友世家，讲究团结友爱、父慈子孝、兄弟团结和睦，到他这辈已经是四世同居了。

同族兄弟们都住在一个大家庭里，吃一个厨房做的饭，共同劳作，治理家业，一斗粮、一尺布都不私用，真可谓是“孝悌力田、礼让成风”的大人家了。

隋大业末年，年成不好，谷菜都歉收，社会上人心也不稳定。这时，刘君良的妻子劝他分家。他家院子很大，树也很多，树上鸟巢很多，鸟也欢聚在这里。为了造成分家的借口和依据，刘君良的妻子偷偷把树上鸟巢里的雏鸟掏出来，互相交换，造成鸟的互斗、悲鸣。家里的人都很感到奇怪。刘君良的妻子于是劝刘君良说：“天下就要大乱了，你看禽鸟都不安起来，何况人呢？快分家吧！”刘君良也感到莫名其妙，就和众兄弟商议好，分家另住了。

分家一个月后，刘君良发觉了鸟的不安是他妻子搞的诡计，于是斥责妻子说：“是你破坏了我们的家，你走吧！”妻子走后，他又把众兄弟召集到一起，说明原因，又合住到一起了。

这时地方上很乱，乡里的人无法安居，于是都来依靠刘家。大伙在他家修筑起堡垒来，起名叫“义成堡”。大伙靠住在堡垒这里，渡过了难关。

唐武德年间，官员杨宏业专程来刘家访问，他看到刘家有 6 个大院，共同吃一个厨房做的饭菜。看到全家的子弟们都彬彬有礼，招待他酒饭，使他很欢畅地离开这里。

唐贞观六年（632 年），朝廷特下诏书，表彰刘君良孝悌友邻、和睦家庭的高尚品德。

铁木真与他的密友

向你的朋友学好，对着你的影子整装。

——中国谚语

铁木真是一个蒙古贵族家的长子，9 岁时，父亲被仇家害死。从此，家境破落，生活贫困，他的母亲诃额仑夫人靠拾野果、挖草根，艰难地养大了自己的五个孩子。

铁木真 13 岁时，有一天，家里的 8 匹马被贼抢去了，对于铁木真家来说，这是一个很大的损失。于是，铁木真自告奋勇骑马去寻找，路上遇到一个少年正在挤马奶，少年了解到铁木真的情况，非常同情他。他给铁木真换下了疲惫不堪的坐骑，又给了他很多食物，然后对他说："你的生活这样艰难，我们男子汉的艰难和责任都是一样的，我愿意做你的朋友，我叫孛斡儿出（博尔木），我和你一起去找马吧！"他们走了3天，又经过一场厮杀，终于赶回了那8匹马。回到孛斡儿出的家后，铁木真很感激他，执意要留下几匹马作为酬谢。孛斡儿出一再推辞，说："我是看你有困难才帮你的，这完全是我自愿的，怎么能要你的东西？我家里很富有，父亲只有我一个儿子，所有的财产将来都是我的。我们是朋友，如果我接受了你的酬谢，我还跟你做朋友干什么？"孛斡儿出的父亲纳忽伯颜看到儿子交了一个新朋友，十分高兴，对他们说："你们两人要团结，要互相关心帮助，千万不要互相争斗，遗弃对方！"

从此，铁木真和孛斡儿出成了有难同当、有福同享的最亲密的伙伴，二人的友谊和铁木真的事业紧密地联系在一起。

鲁迅与郁达夫同行

> 人生得一知己足矣，斯世当以同怀视之。
>
> ——鲁迅

鲁迅和郁达夫从1923年2月17日相识，历经10余年而友谊日增。

鲁迅和郁达夫之间，不论在思想认识、生活态度，还是文艺见解等方面，都存在着明显的差别，但他们求同存异，坦诚相交。

鲁迅与郁达夫交往比较密切是鲁迅到上海以后。1928 年 6 月创刊的《奔流》，是他们合编的月刊。郁达夫自称是挂名编者。鲁迅"因为《奔流》，终日奔得很忙"，而郁达夫却比较闲适。他们都各得其所，相处得很好。

1930 年 2 月，鲁迅、郁达夫一起列名发起"中国自由运动大同盟"。不久，"中国左翼作家联盟"成立，郁达夫又经鲁迅介绍，参加了"左联"。由于当时斗争复杂，郁达夫思想有些矛盾，一方面他有正义感和爱国热情，另一方面他又有感伤、颓废等情绪。在鲁迅面前，郁达夫从不掩饰自己的矛盾，鲁迅则坦诚相待，他写赠郁达夫的诗作就是明证。

1932 年 12 月 31 日，鲁迅为中外友人题诗写字，一连写了 5 幅，《无题》则是专为郁达夫新写的：

洞庭木落楚天高，
眉黛猩红浣战袍。
泽旁有人吟不得，
秋波渺渺失离骚。

这首诗得到人们的高度赞赏，郁达夫非常喜爱它，称它是鲁迅七绝中的"压墨之作"。从诗中看，对于郁达夫似有慰问和勉励之意，希望他认清形势，多为社会做些有益的工作。这时距郁达夫携妻王映霞移家杭州只有 3 个多月，也许鲁迅已经了解老友早萌退居之意。

这首诗于 1933 年 1 月 10 日寄出，并附信"丐其写字"。郁达夫收到后，便写了一首专门献给鲁迅的旧体诗，于 1 月 19 日特地

送上门来。诗中有“彷徨呐喊两悠悠”“不废江河万古流”。这首诗用风趣的笔调、飘逸的风格，对鲁迅的业绩作出了热情的评价。

郁达夫支持鲁迅，鲁迅也关怀郁达夫。就在1933年，鲁迅又借为王映霞写字之机，题诗一首赠郁达夫：

钱王登假仍如在，伍相随波不可寻。
平楚日和憎健翮，小山香满蔽高岑。
坟坛冷落将军岳，梅鹤凄凉处士林。
何似举家游旷远，风波浩荡足行吟。

这首诗的写作背景是：1933年4月25日，郁达夫离开斗争漩涡上海，偕同妻子王映霞回杭州养息。之后，他与当地官员、士绅应酬往来，接受款待，写了一些点缀太平的游记一类的文章。鲁迅借用典故，对郁达夫进行规劝，并寄托着殷切期望。

鲁迅这首诗的前三联，一再以史实典故作喻，极言杭州还是暴君统治的天下，虽然风和日丽，小山香满，但非爱国志士栖身之地。全诗的重点在第四联，希望郁达夫认清形势，及早迁离杭州，在“风波浩荡”中抒写情怀。可惜郁达夫没有这样做。可以这样说，鲁迅是郁达夫思想和事业上的诤友，在激烈的生活波浪中，他是拉着郁达夫的手一同前进的。

抗战爆发后，郁达夫的爱国热情又熊熊燃烧起来，在海内外奔走辛劳，为民族解放和文化建设作出卓越的成绩，并献出最宝贵的生命。